AF319071

LEÇONS

DE

CHRONOLOGIE.

12853

IMPRIMÉ CHEZ PAUL RENOUARD,
rue de l'Hirondelle, n° 22.

LEÇONS

DE

CHRONOLOGIE

ET

D'HISTOIRE.

PAR L. GAULTIER.

SECOND VOLUME.
HISTOIRE DE FRANCE
JUSQU'AU RÈGNE DE CHARLES X.

A PARIS,

CHEZ ANT. AUG. RENOUARD,

RUE DE TOURNON, N° 6.

1825.

Volumes composant le Cours d'Histoire :

Ier Vol.   Histoire sainte et Histoire ecclésiastique jusqu'à la conversion
           de Clovis Ier.

IIe Vol.   Histoire de France, jusqu'au règne
           de Charles X.

IIIe Vol.   Histoire ancienne jusqu'à la naissance de Jésus-Christ.

IVe Vol.   Histoire moderne, depuis la naissance de Jésus-Christ.

Chaque Volume cartonné 1 fr. 50 c.

———

Boîte contenant les *Médaillons* des rois, collés
sur carton, et un *sac*, 2 fr. 50 c.

NOTIONS PRÉLIMINAIRES.

L'histoire de France, depuis son origine jusqu'à la fin du règne de Louis XVI, renferme environ quatorze siècles.

Ces siècles sont représentés par autant de cases, dans le tableau placé à la fin de ce volume.

Trois familles ont gouverné la France pendant ce temps : les *Mérovingiens*, les *Carlovingiens*, les *Capétiens*. Les commencemens du règne de chacune de ces familles forment trois époques, qu'on nomme : Temps de la première, de la seconde, de la troisième race ou dynastie.

La première race, dite des *Mérovingiens*, dure 334, et donne 21 rois.

sous lesquels la France vit trois partages remarquables : 1° celui des quatre enfants de Clovis ; l'an 511 ; 2° celui des quatre enfants de Clotaire Ier, l'an 561 ; 3° celui des deux petits-enfants de Clotaire II, l'an 638, dont l'un obtint l'*Austrasie*, l'autre la *Neustrie*. L'Austrasie comprenoit la partie de la France à l'est, savoir, la Lorraine et autres pays voisins ;

la Neustrie comprenoit quelques-unes de nos provinces au nord, savoir, la Bretagne et la Normandie.

La seconde race, dite des *Carlovingiens*, dure 235 ans, et donne 13 rois,

sous lesquels la monarchie fut partagée deux fois : 1° après la mort de Charlemagne, dont les enfants eurent la France, l'Allemagne et l'Italie ; 2°, après la mort de Charles-le-Gros, qui, déposé pour son incapacité, laissa la France en des états séparés, et en proie au régime féodal.

La troisième race, dite des *Capétiens*, dure 806 ans, et donne 35 rois jusqu'à Charles X.

Elle renferme trois différentes branches : la première, appelée *branche directe*, contient 14 rois, et dure 341 ans ; la seconde, dite *des Valois*, offre 13 rois, et dure 261 ans ; la troisième, dite *des Bourbons*, présente 8 rois, et règne depuis 236 ans.

LEÇONS
DE CHRONOLOGIE
ET D'HISTOIRE.

* * *

HISTOIRE DE FRANCE.

ROIS DE LA PREMIÈRE RACE.
DITE DES MÉROVINGIENS.

Ier SIÈCLE DE LA MONARCHIE.

DEPUIS L'AN 418 JUSQU'A L'AN 500.

Case 18 du Tableau.

1.

PHARAMOND.

Ses lois, en quatre cent, Pharamond établit.

Qui étoit et quand vivoit *Pharamond*, que lusieurs historiens regardent comme le pre- lier roi de *France*? C'étoit un chef des rancs ou François, qui vivoit vers l'an 418 de Jésus-Christ, et régnoit à Trèves, ainsi que sur une partie de la France.

Quelle loi particulière Pharamond établit-il parmi les siens ? Il établit la loi Salique, dont un des articles exclut les femmes de la couronne des François.

Quel fut le motif de la loi Salique ou des Saliens, peuple le plus illustre parmi les Francs ? Ce peuple, naturellement guerrier et accoutumé à n'avoir pour roi qu'un général, n'auroit jamais pu se soumettre au commandement d'une femme.

Quel endroit de la Germanie habitoient les Francs ou François ? Ils habitoient le long de la rive droite du Rhin. (4 jetons.)

2.

CLODION.

Clodion chevelu , qu'Aétius vainquit.

Pourquoi Clodion, successeur de Pharamond, l'an 428, fut-il surnommé le Chevelu ? Il fut surnommé ainsi, à cause de la longue chevelure qu'il portoit, et qu'il fit porter aussi aux princes du sang royal.

Quelles villes Clodion conquit-il d'abord à la tête des armées ? Il prit Cambrai et Tournay, mais il fut défait par Aétius, général

des Romains, auxquels les Gaules apparte-
noient alors.

*Que fit Clodion dès que les Romains fu-
rent occupés contre les Barbares qui enva-
hissoient l'Europe ?* Il se rendit maître de
l'Artois et d'Amiens, et envoya son fils assiéger Soissons.

Que sait-on de la famille de Clodion ? On
ignore les noms de sa femme et de ses enfants,
même de celui dont il laissa, dit-on, la tutelle
à Mérovée.

3.

MÉROVÉE.

Avec lui Mérovée combattit Attila.

*Comment Mérovée, qui succéda à Clo-
dion l'an 448, fit-il alliance avec Aétius ?*
Parce qu'ils avoient tous les deux à combattre
un ennemi commun, Attila, roi des Huns,
sorti des confins de la Hongrie avec une puissante armée.

*Pourquoi Attila fut-il nommé le fléau de
Dieu ?* Ce fut à cause du ravage qu'il avoit
déjà fait partout, en particulier quand il vint
assiéger la ville d'Orléans.

*Quelle victoire Mérovée et Aétius, joints
à Théodoric, roi des Visigoths, remportè-*

rent-ils sur *Attila?* Ils le vainquirent dans les plaines de Châlons, près de Méry-sur-Seine, où Théodoric fut tué.

Pourquoi les rois de la première race ont-ils été dits Mérovingiens ? Parce qu'on a toujours su qu'ils étoient issus de Mérovée ; et l'on a douté s'ils descendoient de Clodion. (4 jetons.)

4.

CHILDÉRIC.

Childeric fut chassé ; mais on le rappela.

Pourquoi Childéric, fils et successeur de Mérovée, fut-il contraint d'abandonner le trône ? Il en fut chassé l'an 457, à cause de sa mauvaise conduite et de ses excès scandaleux.

En quel pays se retira Childéric après avoir quitté la France ? Il se retira en Thuringe, auprès de Basin qui en étoit roi, et chez qui il demeura pendant six ans.

Que devient Egidius, ancien général romain, mis sur le trône à la place de Childéric ? Egidius, dont les violences commençoient déjà à révolter les François, leur devint ensuite tout-à-fait odieux par les manœuvres et les intrigues de Viomad, ami de Childéric.

Comment Viomad fit-il savoir à Childéric que les François étoient disposés à le recevoir ? Pour faire savoir à Childéric qu'il étoit temps de revenir, il lui envoya la moitié d'une pièce d'or dont Childéric avoit emporté l'autre moitié : c'étoit le signal dont ils étoient convenus.

Comment se comporta Childéric après son retour ? Il acquit de la gloire par la guerre qu'il fit à Egidius et aux Saxons ; par la prise de Cologne, de Trèves et de la Lorraine, et en se rendant maître de Beauvais et de Paris.

Quelle princesse Childéric épousa-il ? Il épousa la femme de Basin, nommée Basine, qui vint le trouver en France, et de qui il eut Clovis, son successeur. (6 jetons.)

5.

CLOVIS.

Clovis à Tolbiac fait vœu d'être chrétien,
Défait Gondbaud, et tue Alaric, arien.
Son état, en cinq cents, se divise à ses fils
Clotaire, Clodomir.

Quels furent les premiers exploits de Clovis après qu'il eut succédé à son père, l'an 481 ? Clovis fit la guerre à Siagrius, parce que ce général romain, après la mort d'Egidius son père, gardoit une sorte de royauté à Soissons.

Où Siagrius, après sa défaite, se réfugia-t-il ? Chez Alaric, roi des Visigoths, sur les confins de l'Espagne ; mais Clovis le ré-

1.

clama , et le fit mourir à Soissons, où il établit dans la suite le siège de sa monarchie.

Jusqu'où Clovis étendit-il sa domination après la défaite de Siagrius ? Jusqu'à Reims, à Troyes, et aux confins du royaume de Bourgogne.

Quel fut le principal auteur de la conversion de Clovis à la religion chrétienne ? Sa femme Clotilde , princesse pieuse, de la maison des rois de Bourgogne , qui lui parloit souvent du bonheur de servir le Dieu des Chrétiens.

Dans quelle circonstance Clovis fit-il le vœu d'être chrétien, l'an 496 ? Dans la bataille de Tolbiac, près de Cologne , en combattant les Germains qui venoient attaquer les Francs.

Où Clovis , après avoir vaincu les Germains , se fit-il baptiser ? Ce roi , avec trois mille personnes de son armée , reçut le baptême à Reims, de la main de saint Remy , le jour de Noël.

Qu'arriva-t-il après la conversion de Clovis ? Les Gaulois qui habitoient le pays depuis la Seine jusqu'à la Loire , ainsi que les Romains qui s'y trouvoient, se soumirent à son obéissance; et tous les François , à l'exemple de leur chef, qui étoit alors le seul roi chrétien, embrassèrent le Christianisme.

Que devinrent les différents rois Francs du temps de Clovis, tels que ceux de Cologne, de Térouane, de Cambrai, du Maine, des Morins ? Clovis prit leur pays, et les fit mourir en diverses occasions, quoiqu'ils fussent même ses parents, sous prétexte qu'ils n'avoient pas été fidèles à leurs engagements.

Quelle réponse fit Clovis à des traîtres qui se plaignoient de n'avoir pas été récompensés avec de l'or, mais avec du cuivre doré ? « J'ai dû payer, dit-il, en fausse monnoie les services de ces faux amis qui ont trahi leur maître et leur honneur ».

Quel fut le sujet de la guerre que Clovis fit à Gondebaud, roi de Bourgogne, oncle de Clotilde ? Clovis fit la guerre à Gondebaud, et le rendit ensuite son tributaire, parce que ce prince avoit tué le père de Clotilde, et s'étoit emparé de sa succession.

Pourquoi Clovis fit-il depuis la guerre à Alaric, roi des Visigoths, hérétique arien, et allié de Gondebaud ? Parce que ce roi avoit mal reçu ses ambassadeurs, et qu'il avoit donné retraite à Siagrius.

Quel fut le succès de la guerre de Clovis contre Alaric ? Clovis tua Alaric de sa propre main à la bataille de Vouillé, près de Poitiers ; et il étendit par là son royaume depuis Poitiers jusqu'à Toulouse, capitale du royaume d'Alaric.

Comment Anastase, empereur d'Orient, distingua-t-il le mérite et la valeur de Clovis ? Il lui envoya le titre et les ornements de consul, de patrice et d'auguste, avec une couronne d'or et un manteau de pourpre.

Comment la ville de Paris commença-t-elle à s'illustrer du temps de Clovis ? Ce roi la rendit la capitale du royaume, y demeura pendant quelque temps, et y mourut l'an 511, âgé de quarante-cinq ans, après en avoir régné trente.

Quels vices contrebalancèrent les vertus de Clovis ? La cruauté et la vengeance, qui le portèrent à faire mourir d'une manière barbare plusieurs de ses parents, et à tuer de sa hache un soldat qui lui avoit manqué d'égards un an auparavant.

Quels enfants laissa Clovis ? Il laissa quatre fils : 1° *Thierri*, qu'il avoit eu avant d'épouser Clotilde ; 2° *Clotaire* ; 3° *Clodomir* ; 4° *Childebert.*

Quel royaume eut chacun des enfants de Clovis ? Thierri fut roi de Metz ou d'Austrasie ; Clotaire , roi de Soissons ; Clodomir , d'Orléans ; et Childebert , de Paris.

Que comprenoient les quatre royaumes établis après la mort de Clovis ? Celui de *Paris* comprenoit la Champagne , le territoire de Paris , le Maine , l'Anjou , la Touraine , le Poitou , l'Auvergne et la Guyenne ; celui d'*Orléans* , le territoire d'Orléans , la Bourgogne , le Lyonnois , le Dauphiné et la Provence ; celui de *Soissons* , le territoire de Soissons , la Normandie , la Picardie , l'Artois et la Flandre ; celui de *Metz* , la Lorraine et ce que la France possédoit en Allemagne. (18 jetons.)

II. SIECLE DE LA MONARCHIE.

DEPUIS L'AN 500 JUSQU'A L'AN 600.

Case 19 du Tableau.

6.

CHILDEBERT.

Childebert eut Paris.
Des Bourguignons, des Goths, ces princes sont l'effroi,
Quand leur frère Thierri se défait d'Hermenfroi.

A qui Childebert, Clodomir et Clotaire, fils de Clovis, firent-ils la guerre ? A Sigis-mond, roi de Bourgogne, fils de Gondebaud, parce que ce prince retenoit une partie du royaume de Bourgogne qui devoit revenir à Clotilde leur mère.

Que devint Sigismond dans la guerre contre les enfants de Clovis ? Il tomba entre les mains de Clodomir, qui le fit jeter dans un puits avec sa femme et ses enfants.

Comment Clodomir fut-il puni de sa cruauté envers Sigismond ? Il fut tué lui-même dans la guerre qu'il recommença contre Gondemar, frère de Sigismond ; et ses frères Clotaire et Childebert tuèrent deux de ses fils pour avoir leur succession.

Par quel bonheur le troisième enfant de Clodomir, nommé Cloud, évita-t-il la fureur de ses oncles ? Cloud ou Clodoalde l'évita en embrassant la vie religieuse dans une retraite nommée alors Nogent, et depuis Saint-Cloud.

Quel fut le sujet de la guerre que Clodomir et Childebert firent à Amalaric, roi des Visigoths, en Espagne ? Parce que ce roi maltraitoit sa femme Clotilde, leur sœur, opposée à l'arianisme, que professoient les Visigoths.

Quelle fut la fin d'Amalaric et celle de sa femme Clotilde ? Amalaric fut assassiné à Toulouse, où il s'étoit sauvé ; et Clotilde, étant

ramenée en France par son frère Childebert,
mourut en chemin.

*Par quelle trahison Thierri, roi de Metz
ou d'Austrasie, s'empara-t-il de la Thuringe, l'an 528 ?* Etant secondé par son frère
Clotaire, roi de Soissons, il fit la guerre à
Hermenfroi, roi de Thuringe ; puis, ayant
l'air de lui accorder la paix, il le fit précipiter
du haut des murs de Tolbiac, où il l'avoit
attiré sous la promesse de le bien traiter.

*Comment se conduisit Clotaire envers Ra-
degonde, nièce d'Hermenfroi, qu'il avoit
eue parmi ses prisonniers ?* Il l'épousa, mais
il lui permit ensuite de se retirer d'abord à
Noyon, puis à Poitiers, dans le monastère de
Sainte-Croix, où elle se sanctifia.

*Quelles acquisitions fit la France dans la
guerre qu'eut l'empereur Justinien en Italie
contre Théodat ?* Ce roi des Goths, pour se
concilier l'amitié des François, leur céda cette
partie de la Gaule qui fut appelée depuis la
Provence et le Dauphiné.

*Quelle conquéte firent conjointement les
deux frères Childebert et Clotaire ?* Celle
d'une partie de l'Espagne jusqu'à Saragosse,
où les habitants, pleins de confiance dans la
protection de leur patron saint Vincent, se
défendirent avec un courage étonnant.

Quel monument construisit Childebert lorsqu'il fut de retour à Paris de la guerre d'Espagne? Ayant conçu de la dévotion pour le saint martyr Vincent, que les Espagnols vénéroient hautement, il lui fit bâtir une église appelée aujourd'hui Saint-Germain-des-Prés. (11 jetons.)

7.

CLOTAIRE.

Clotaire reste seul, partage ses enfants:
Sigebert est à Metz, Gontran dans Orléans.

Comment Clotaire, roi de Soissons et dernier des fils de Clovis, réunit-il en lui seul la monarchie françoise, l'an 558 ? Par la mort du petit-fils de Thierri il hérita du royaume d'Austrasie ; et il succéda, dans le royaume de Paris, à Childebert son frère, qui en mourant n'avoit laissé que des filles.

Comment Clotaire punit-il la révolte de son fils Chramne, qui s'étoit retiré chez Conobre, roi de Bretagne? Ayant défait les Bretons, il fit brûler Chramne avec sa femme et ses enfants, dans une cabane où ils s'étoient retirés.

Comment vécut Clotaire après avoir exercé sa vengeance atroce contre son fils? Dans un tristesse profonde qui, un an après, le précipita dans le tombeau le même jour, dit-on, et à la même heure qu'il avoit ordonné la mort de son fils, de sa bru et de son petit-fils.

Quelle sentence mémorable Clotaire prononça-t-il avant d'expirer, l'an 561 ? « Hélas ! dit-il, que doit être le roi du ciel, puisqu'il fait mourir ainsi les plus grands rois de la terre ? »

Comment la monarchie françoise fut-elle partagée entre les quatre enfants de Clotaire ? Sigebert fut roi de Metz ou d'Austrasie ; *Gontran*, d'Orléans ; *Chérébert*, de Paris ; et *Chilpéric*, de Soissons. (5 jetons.)

8.

CHÉRÉBERT.

A Paris, Chérébert par saint Germain puni.

A quel vice fut assujetti Chérébert ou Caribert, roi de Paris ? A celui de l'incontinence, qui le fit mépriser par ses sujets, et qui força saint Germain, évêque de Paris, à lui interdire l'usage des sacrements.

Quelle puissance commença à s'élever en France sous le règne de Chérébert ? Celle des maires du palais, qui, dans la suite, parvinrent à s'emparer entièrement du pouvoir royal.

Comment, après la mort de Chérébert, arrivée l'an 567, ses trois frères partagèrent-ils entre eux ses états ? Ils formèrent trois royaumes ; *Chilpéric,* roi de Soissons, eut l'état de Paris, et fut appelé roi de Neustrie ; *Sigebert* eut l'Austrasie en entier ; et *Gontran,* roi d'Orléans, eut la Bourgogne. (3 jetons.)

9.

CHILPÉRIC Ier.

A Soissons, Chilpéric, plus déréglé que lui,
Reste....

En quoi Chilpéric Ier fut-il encore plus déréglé que son frère Chérébert ? Il fit étrangler dans le lit sa femme Glasvinde ou Galasuinte, fille d'Atanachilde, roi des Visigoths, pour épouser Frédégonde, son ancienne concubine.

Comment Brunehaut, reine d'Austrasie, vengea-t-elle la mort de sa sœur Galasuinte ? Elle encouragea le roi Sigebert, son mari, à s'emparer des domaines placés entre Paris et Rouen, sur lesquels Chilpéric avoit placé la dot de Galasuinte en l'épousant.

Quel malheur arriva-t-il à Sigebert lors-

qu'il poursuivoit lui-même Chilpéric ? Il fut assassiné vers Tournay par deux émissaires de Frédégonde, qui avoient empoisonné leurs poignards.

Quelle fut la mort funeste de Chilpéric ? Ce roi, que saint Grégoire de Tours appelle le Néron et l'Hérode de son temps, fut assassiné à Chelles, en revenant de la chasse, l'an 584.

Quels soupçons eut-on dans le temps au sujet de la mort de Chilpéric ? On crut que Frédégonde, qui l'avoit poussé à commettre toutes sortes de forfaits, et Landri, maire du palais, amant secret de Frédégonde, avoient été les auteurs du meurtre de ce prince.

Comment Gontran, roi d'Orléans et de Bourgogne, quatrième fils de Clotaire, fut-il distingué après sa mort, l'an 593 ? L'Eglise le mit au nombre des Saints, tant à cause de son attachement sincère à la religion que de son amour pour la justice.

Quelle faute reproche-t-on à Gontran, prince vertueux sans doute, mais extrême-ment borné ? Comme sa femme Austrigilde avoit demandé, en mourant, qu'on ôtât la vie à ses deux médecins, pour ne l'avoir pas gué-rie, Gontran se crut obligé de faire exécuter fidèlement cet étrange testament. (7 jetons.)

10.

CLOTAIRE II.

Et de Frédégonde eut Clotaire second,
Qui fit mourir Brunehaut, et défit les Saxons.

Comment Clotaire II, fils de Chilpéric Ier et de Frédégonde, se conduisit-il avec Brunehaut ? Après que cette princesse ambitieuse eut été chassée toute nue de l'Austrasie par les grands du royaume, il l'accusa d'avoir fait périr dix rois, et la fit condamner militairement à une mort infâme et cruelle.

A quel nouveau genre de supplice Clotaire II fit-il condamner Brunehaut, l'an 613 ? La sentence portoit que cette princesse seroit abandonnée pendant trois jours aux insultes de la soldatesque et à la cruauté des bourreaux, et qu'elle seroit traînée ensuite à la queue d'une cavale indomptée jusqu'à ce qu'elle y périt.

A qui Clotaire II donna-t-il, de son vivant, le royaume d'Austrasie ? A son jeune fils Dagobert, sous la conduite de Pepin, maire du palais (ce qui augmenta beaucoup l'autorité des maires); et sous celle d'Arnoul, depuis évêque de Metz.

Que fit Clotaire II après que son fils Dagobert, roi d'Austrasie, eut été vaincu et blessé par les Saxons ? Il alla lui-même le venger, défit les Saxons; et il ne voulut pardonner, dit-on, à aucun de ceux dont la taille excédoit la longueur de son épée.

Combien de temps vécut Clotaire II après sa victoire sur les Saxons, l'an 628 ? Il mourut dans la même année, laissant deux fils, savoir : Dagobert, qui lui succéda, et Charibert, roi d'une partie de l'Aquitaine. (5 jetons.)

III. SIECLE DE LA MONARCHIE.

DEPUIS L'AN 600 JUSQU'A L'AN 700.

Case 20 du Tableau.

11.

DAGOBERT.

En six cents, Dagobert construisit Saint-Denys.

Quels états possédoit Dagobert Ier, fils de Clotaire II ? Il fut roi d'Austrasie du vivant de son père, en 622; de Neustrie, de Bourgogne, en 628, et d'Aquitaine, par la mort de son frère, en 631.

Quels exploits remarquables fit Dagobert pendant son règne ? Il se signala contre les Esclavons, les Saxons, les Gascons, et surtout contre les Bretons, qui lui promirent de demeurer sous la domination de la France ; mais ils ne gardèrent pas exactement leur engagement.

Quels vices ternirent l'éclat des victoires de Dagobert ? Sa cruauté et sa passion démesurée pour les femmes, jusqu'à avoir dans le même temps trois épouses avec le titre de reines.

Par quelles actions louables le roi Dagobert effaça-t-il en quelque sorte ses vices ? Il publia les lois des Francs avec des corrections et des augmentations. Il a aussi fondé la magnifique église, ainsi que le fameux monastère de Saint-Denys.

Qu'arriva-t-il de remarquable pour la monarchie, sur la fin du règne de Dagobert ? Comme ce prince étoit tout-à-fait plongé dans les plaisirs, l'autorité des maires du palais parvint nécessairement à absorber presque en entier l'autorité royale.

Quels enfants laissa Dagobert en mourant, l'an 638 ? Il laissa Sigebert, auquel il avoit donné de son vivant l'Austrasie, à la sollicitation des peuples du pays ; et Clovis II, qui eut la Neustrie et la Bourgogne, sous la tutelle de sa mère Nantilde et d'Ega, maire du palais. (6 jetons.)

12.

CLOVIS II.

Grimoald est vaincu par le second Clovis.

Pourquoi Clovis II, fils et successeur de Dagobert, porta-t-il les armes contre Gri-moald, maire d'Austrasie, et, après l'avoir vaincu, le condamna-t-il à une prison per-pétuelle, l'an 656 ? Parce que cet ambitieux avoit voulu mettre son propre fils sur le trône d'Austrasie, au préjudice des successeurs légi-times de Sigebert, frère de Clovis.

Jusqu'où Clovis porta-t-il sa charité en-vers les pauvres ? Dans un temps de disette, après avoir épuisé le trésor pour secourir ses sujets, il fit enlever les lames d'argent dont son père Dagobert avoit fait couvrir le chevet de l'église de Saint-Denys, et en distribua le pro-duit aux pauvres.

Les historiens sont-ils d'accord sur le ca-ractère de Clovis II ? Selon les uns, il étoit abandonné à toutes sortes de débauches, bru-tal et sans cœur ; selon d'autres, il avoit de la sagesse, de belles inclinations, du courage, de l'équité, et de la piété.

Quelle est l'opinion la plus générale par rapport à Clovis II ? C'est qu'on peut le mettre à la tête des rois fainéants, et que c'est lui qui, le premier, donna le spectacle sans dignité, où l'on vit

Quatre bœufs attelés, d'un pas tranquille et lent,
Promener dans Paris le monarque indolent.

Sur quoi étoit fondée l'opinion de la foiblesse de Clovis II ? C'est peut-être parce que sous ce prince, gouverné par Archambauld, on vit paroître plus clairement l'autorité absolue des maires du palais, devenus ensuite presque des souverains.

Quels enfants laissa Clovis II, mort l'an 655 ? Il laissa trois fils : Clotaire III, Childéric II, et Thierri. (6 jetons.)

13.

CLOTAIRE III.

Clotaire trois régna, fainéant, sous un maire.

A qui fut confiée la minorité de Clotaire III, déclaré roi de Neustrie et de Bourgogne après la mort de son père Clovis II ? A sainte Batilde sa mère, angloise d'origine, qui, aidée des conseils de saint Éloi et de saint Léger, gouverna avec beaucoup de sagesse et de prudence.

Comment le royaume fut-il gouverné après que sainte Batilde se fut retirée au monastère de Chelles ? Ebroin, maire du palais, s'empara de toute l'autorité ; et il l'exerça en se faisant détester par ses cruautés et par ses injustices.

Comment finit Clotaire III ? Il mourut l'an 670, agé de dix-sept ans, et sans postérité.

*Par quels moyens Thierri I*er, *le plus jeune des trois enfants de Clotaire II, monta-t-il sur le trône, au préjudice de son frère aîné Childéric II, roi d'Austrasie, l'an 670 ?* Il y monta par les intrigues d'Ebroin, maire du palais ; mais, peu de temps après, il fut rasé par ordre de son frère Childéric II, et fut renfermé dans l'abbaye de Saint-Denys. (4 jetons.)

14.

CHILDÉRIC II.

De Metz Childéric deux tué par Bodillon.

Comment se conduisit Childéric II, maître absolu de la Neustrie et de l'Austrasie, l'an 670 ? Tant qu'il suivit les conseils de saint Léger, évêque d'Autun, il fut cher aux François ; mais, après la mort de ce saint prélat, s'étant livré à toutes sortes de débauches et de cruautés, il leur devint odieux.

Par qui Childéric II fut-il tué dans la forêt de Livry, l'an 673 ? Par Bodillon, gentilhomme françois, à qui le roi avoit fait donner injustement les étrivières, parce que ce seigneur lui avoit représenté avec liberté et noblesse les dangers d'une imposition excessive. (2 jetons.)

15.

THIERRI Ier.

Sous Ebroin , Thierri précède et suit son frère.

A quelle occasion Thierri Ier ou Théo-doric sortit-il de l'abbaye de Saint-Denys, où il avoit été renfermé ? Ce fut l'an 673, à la mort de son frère Childéric II, dont il devoit, par droit de succession, occuper le trône.

Par qui Thierri Ier se laissa-t-il gouverner ? Par ce même Ebroin qui lui avoit déjà fait usurper le trône avant Childéric II , et qui, devenu puissant une seconde fois, sacrifia plusieurs têtes illustres à ses ressentiments particuliers.

Après qu'Ebroin eut été assassiné, quel maire du palais prit sa place ? Pepin Héristel, qui se distingua par ses grandes qualités , et qui rendit depuis son nom très illustre.

Quels enfants laissa Thierri Ier, mort l'an 691 ? Il fut père de Clovis III et de Childebert II , tous deux rois de France après lui. (5 jet.)

16.

CLOVIS III.

Suivent Clovis troisième. . . .

Combien de temps et comment régna Clovis III, fils de Thierri et son successeur, l'an 691 ? Ce roi, après avoir régné environ cinq ans sous la tutelle de Pepin le *gros* ou Héristel, maire du palais, qui avoit concentré en lui l'autorité royale, mourut en 695, âgé de quatorze ans. (1 jeton.)

17.

CHILDEBERT II.

Et Childebert second.

Quel fut Childebert II, dit le Juste, frère et successeur de Clovis III, l'an 695 ? Monté sur le trône à l'âge de douze ans, il en régna seize, mais toujours sous la tutelle et la tyrannie de Pepin Héristel, maire du palais, qui ne lui donna aucune part au gouvernement.

Quelle opinion a-t-on eue de Childebert II, mort l'an 711 ? Selon quelques-uns, il avoit beaucoup de moyens, et auroit pu être le restaurateur de la monarchie, s'il eût eu la liberté d'agir. (2 jetons.)

IV° SIÈCLE DE LA MONARCHIE.

DEPUIS L'AN 700 JUSQU'A L'AN 800.

Case 21 du Tableau.

18.

DAGOBERT II.

Dagobert deux au huit. . . .

Combien de temps régna Dagobert II, fils de Childebert II, roi de Neustrie ? Il succéda à son père l'an 711 ; et mourut, après avoir régné environ cinq ans, toujours sous le joug de Pepin Héristel, maire du palais, l'an 715.

Que fit vers ce temps Charles Martel, fils naturel du maire Pepin ? Après la mort de Pepin son père, qui avoit laissé la mairie à Théobalde son petit-fils, Charles s'échappa de la prison où Plectrude sa belle mère l'avoit fait renfermer, et commença à se livrer à ses projets ambitieux.

Quels enfants Dagobert II laissa-t-il en mourant ? Il laissa un fils au berceau, nommé Thierri, auquel les François préférèrent Chilpéric II, dit Daniel. (3 jetons.)

19.

CHILPÉRIC II.

Chilpéric Daniel.

Clotaire....

Qui étoit Chilpéric II, nommé auparavant Daniel? Il étoit fils de Childéric II, et vivoit retiré dans un monastère, où il étoit déjà parvenu à l'âge de quarante ans.

Quel succès eut Chilpéric II lorsque Rainfroi, maire du palais, le mit à la tête des troupes contre Charles Martel? Il fut défait et contraint de se retirer chez Eudes, roi d'Aquitaine.

Que fit Charles Martel après avoir défait Chilpéric Daniel? Il fit reconnoître pour roi Clotaire IV, fils de Dagobert, roi d'Austrasie, d'où il le retira pour en faire un fantôme de roi.

Que fit Charles Martel après la mort de Clotaire IV, l'an 720? Il obligea Eudes, roi d'Aquitaine, à lui remettre entre les mains Chilpéric Daniel, et se contenta d'être maire du palais de Thierri II. (4 jetons.)

20.

THIERRI II.

Thierri deux, que mit Charles Martel.

De qui étoit fils Thierri II ? Il étoit fils unique de Dagobert II, qui l'avoit laissé au berceau.

Pourquoi Thierri II fut-il surnommé de Chelles ? Parce que Charles Martel l'avoit tiré de ce monastère, à l'âge de sept ou huit ans, pour le placer sur le trône, voulant garder pour lui-même toute l'autorité royale.

Quelle victoire remporta Charles Martel, l'an 732 ? Il tailla en pièces, près de Poitiers, plus de trois cent mille Sarrasins qui, après avoir subjugué l'Espagne, étoient venus sous la conduite d'Abdérame, leur chef, essayer de soumettre la France à la loi de Mahomet. Cette victoire acquit à Charles le surnom de *Martel,* comme s'il se fût servi d'un marteau pour écraser ces barbares.

Qu'arriva-t-il après la mort de Thierri II, l'an 737 ? Il y eut un interrègne de cinq ans, jusqu'en 742, parce que Charles Martel n'avoit voulu faire prendre à aucun prince la qualité de roi.

Quelles dispositions fit Charles Martel en mourant, l'an 741 ? Il laissa l'autorité et le gouvernement du royaume à ses deux fils, Carloman et Pepin dit le Bref.

Que firent Carloman et Pepin l'an 742, pour rendre leur autorité moins suspecte aux François ? Ils donnèrent le titre de roi à Childéric III, nommé l'*Idiot*, et fils de Chilpéric Daniel, en le laissant dans une inaction totale.

Comment Carloman se retira-t-il du gouvernement ? Après avoir remporté avec son frère Pepin plusieurs victoires sur les Saxons, les Bavarois et les Aquitains, il quitta le monde, et se fit religieux au mont Cassin. (7 jetons.)

21.

CHILDÉRIC III.

Childéric trois rasé fut dernier de sa race,
Laissant Pépin le Bref, qu'on élut en sa place.

Quels moyens adroits employa Pepin pour expulser Childéric III de ce même trône où il avoit eu l'air de le placer ? Après avoir consulté le pape Zacharie pour savoir « s'il étoit à propos de laisser sur le trône de France des princes qui n'en avoient que le nom », et le pape lui ayant répondu « qu'il valoit mieux donner le titre de roi à celui qui en avoit le pouvoir », il prit pour lui-même le titre de roi de France.

Que devint alors Childéric III ? Par ordre de Pepin, il fut rasé et renfermé dans un couvent l'an 752, où il mourut trois ans après.

En quoi la déposition de Childéric III est-elle remarquable ? En ce qu'elle mit fin à la première race de nos rois, dite des Mérovingiens.

Combien de rois y eut-il de la race des Mérovingiens ? Il y en eut vingt-un, à ne prendre que ceux de Paris ; et près de quarante, si l'on comptoit ceux qui régnèrent en Austrasie, en Neustrie, dans l'Orléanois, et le Soissonnois.

Quelles étoient, sous les rois de la première race, les assemblées nationales ? Toutes les troupes s'assembloient au mois de mars, sous les ordres de leurs chefs, et se présentoient au roi : c'est ce qu'on appeloit *Champ de Mars.* On y régloit les intérêts de la monarchie. Sous le règne de Pepin, ces assemblées furent remises au mois de mai. (5 jetons.)

ROIS DE LA SECONDE RACE,

DITE

DES CARLOVINGIENS.

22.

PEPIN.

Pour le pape deux fois Pepin en Lombardie.

Pourquoi les rois de la seconde race ont-ils été appelés Carlovingiens ? C'est parce que cette race a été principalement illustrée par la valeur de deux Charles : *Charles Martel*, père de Pepin ; et *Charles le Grand*, ou Charlemagne, son fils.

Pourquoi Pepin fut-il surnommé le Bref ? A cause de sa petite taille ; mais il n'en fut pas moins robuste, ayant, dit-on, terrassé de sa main un lion, en présence des seigneurs de la cour.

Que fit Pepin après avoir pris Narbonn sur les Sarrasins, l'an 753, et Vannes su les Bretons, l'an 755 ? Il passa deux fois en Lombardie, où il contraignit Astolphe, roi des Lombards, autrement Longobards, à restituer aux papes tout ce qu'il leur avoit pris, et donna ensuite au saint-siège la Marche d'Ancône , en dépit de toutes les réclamations de Constantin IV, empereur d'Orient.

Comment Pepin acquit-il l'Aquitaine , l'an 768 ? Quoique occupé contre les Saxons, il vainquit plusieurs fois Gaïfre, duc d'Aquitaine , qui s'étoit révolté contre lui ; et , après que les parents de ce prince l'eurent tué , il s'empara de ses états.

Entre qui Pepin partagea-t-il le royaume , un peu avant sa mort, l'an 768 ? Entre ses deux fils Charles et Carloman ; mais ce dernier, venant à mourir l'an 771, laissa Charles, nommé ensuite Charlemagne , seul maître de la monarchie françoise. (5 jetons.)

23.

CHARLEMAGNE , Empereur.

Charlemagne, empereur, prit Didier dans Pavie.

Avec quel succès Charlemagne fit-il la guerre en Italie, l'an 774 ? Appelé par le pape Adrien, dont les états avoient été envahis par Didier, roi des Lombards , il prit ce roi dans Pavie, sa capitale ; et, après l'avoir fait transporter en France, il se fit couronner souverain de Lombardie à Monza , près de Milan.

Quel sujet particulier de mécontentement

Charlemagne avoit-il eu de Didier ? Il lui reprochoit d'avoir donné retraite à la veuve et aux enfants de Carloman son frère, qu'il regardoit tous comme ses ennemis, et qu'il laissa mourir en prison.

Quelle fut la plus longue guerre que fit Charlemagne ? Celle des Saxons, qu'il défit plusieurs fois pendant l'espace de près de trente ans, et dont il renversa la fameuse idole appelée Irminsule.

A quelle sévère extrémité en vint Charlemagne contre les Saxons, qui s'étoient révoltés autant de fois qu'ils avoient été vaincus ? Il fit couper la tête à quatre mille des plus coupables parmi eux, afin d'effrayer les autres, et de les rendre plus dociles à ses volontés.

A quelle condition Charlemagne pardonna-t-il à Witikind, chef des Saxons, qui s'étoit sauvé après la défaite des siens ? A condition qu'il raméneroit les Saxons égarés par son exemple, et qu'il recevroit le baptême avec eux.

Que firent les Saxons devenus chrétiens ? Ils se révoltèrent de nouveau contre Charlemagne ; de sorte que cet empereur fut obligé de les disperser, et d'en faire passer en France environ dix mille avec leurs familles.

Quel succès eut Charlemagne dans son expédition en Espagne ? Arrivé à Saragosse, il la prit et la rendit à un des princes qui l'avoient appelé ; puis, repassant à Pampelune, il en fit abattre les murs.

Comment se conduisirent les peuples de la Gascogne et de la Navarre lorsque Charlemagne revenoit d'Espagne ? Ils l'attaquèrent dans les défilés des Pyrénées ; et, après avoir battu son arrière-garde, ils tuèrent le fameux Roland, son neveu, à la bataille sanglante appelée *de Roncevaux.*

Jusqu'où Charlemagne étendit-il ses conquêtes ? Il se rendit maître de l'Espagne, jusqu'à l'Ebre ; de l'Italie, jusqu'à la Calabre ; et de la Germanie, jusqu'aux rivières du Raab et de la Vistule.

Quels honneurs reçut Charlemagne l'an 800 *lorsqu'il alla à Rome punir un attentat commis contre le pape Léon III ?* Ce pontife mit la couronne impériale sur la tête de Charles, et le salua empereur d'Occident ; pendant que, de son côté, Nicéphore, empereur d'Orient, faisoit un traité de paix avec lui.

Quels avantages eut Charlemagne en Italie, l'an 806 *?* Il vainquit les habitants de la Corse, et dompta les Vénitiens, par le courage ët la valeur de Pepin son fils, chargé de cette expédition.

Quel défaut a - t - on reproché à Charlemagne ? Celui de s'être livré à l'incontinence, et d'avoir eu jusqu'à neuf femmes ; mais il y a lieu de croire qu'il les eut les unes après les autres.

Quelles vertus ont rendu Charlemagne la gloire de la monarchie et l'admiration de l'univers ? Sa valeur, sa bonté, sa grandeur d'âme, son amour pour les sciences, sa charité pour les pauvres, son zèle pour l'Eglise et pour ses ministres, lorsqu'ils se conformoient à leur caractère.

Quelle leçon sévère donna Charlemagne à un jeune ecclésiastique qu'il venoit de nommer évêque ? L'ayant vu monter à cheval avec beaucoup trop d'adresse pour un homme de son état, il le fit rappeler et lui dit · « Vous savez l'embarras où je suis pour me procurer de bonnes troupes de cavalerie ; comme vous m'avez tout l'air d'être encore meilleur cavalier que bon évêque, je vous retiens à ma suite. »

Comment Charlemagne scelloit-il ses ordres ? Avec le pommeau de son épée, et en disant : « Voilà mes ordres, et voici le fer qui les fera respecter. »

Quelles dispositions fit Charlemagne, se sentant près de sa fin, l'an 815 ? Il associa à l'empire Louis, le seul fils qui lui restoit, lui donna la couronne impériale et tous ses états, à l'exception de l'Italie, qu'il garda pour Bernard, bâtard de son fils Pepin.

En quelle année mourut Charlemagne ? Il mourut l'an 814, dans la soixante et onzième année de son âge, la quarante-septième de son règne, et la quatorzième de son empire. (17 jetons.) '

V⁰ SIÈCLE DE LA MONARCHIE.

DEPUIS L'AN 800 JUSQU'A L'AN 900.

Case 22 du Tableau.

24.

LOUIS Ier LE DÉBONNAIRE, EMPEREUR.

En huit cents est Louis nommé le Débonnaire,
Qui ne fut malheureux que pour être bon père

Comment Louis Ier, fils et successeur de Charlemagne, signala-t-il le commencement de son règne ? En accordant la permission de retourner dans leur patrie à tous les Saxons qui avoient été transportés en France par ordre de Charlemagne.

Comment Louis Ier, la seconde année de son règne, partagea-t-il ses états entre ses trois enfants ? Il s'associa à l'empire son fils aîné *Lothaire,* nomma *Pepin* et *Louis,* ses deux autres fils, l'un roi d'Aquitaine, et l'autre roi de Bavière.

Avec quelle sévérité Louis Ier se conduisit-il envers son neveu Bernard, roi d'Italie, qui s'étoit révolté contre lui, l'an 818 ? Trois jours après l'avoir vaincu, il lui fit crever les yeux ; et il ordonna qu'on en fît autant aux complices de cette révolte, parmi lesquels se trouvoient aussi des évêques.

Quelle fut, l'an 830, la principale cause de la révolte de Pepin et de Lothaire, fils de Louis Ier ? La jalousie qu'ils conçurent contre Judith leur belle-mère, et surtout contre Bernard, comte de Barcelonne, qui, fort de la protection de Judith, avoit usurpé toute l'autorité.

Quelle violence exercèrent Pepin et Lothaire contre Louis Ier leur père et contre Judith ? Ils obligèrent Judith de prendre le voile dans un couvent à Poitiers, et ôtèrent la liberté à leur père ; mais Louis son troisième fils , aidé par les Allemands, vint le délivrer et le replacer sur le trône.

Qu'arriva-t-il à Louis le Débonnaire l'an 822, après qu'il eut ôté l'Aquitaine à Pepin pour la donner à Charles son quatrième fils, né de Judith ? Son fils aîné Lothaire l'enferma dans Saint-Médard de Soissons, mit dans l'abbaye de Prum son frère Charles (le même qui, dans la suite, devint empereur sous le nom de Charles-le-Chauve), et, faisant raser Judith sa belle-mère, la relégua à Tortone en Lombardie.

Jusqu'où Lothaire poussa-t-il l'inhumanité contre son père , l'an 833 ? Jusqu'à le contraindre, dans l'assemblée de Compiègne, de quitter les ornements impériaux, et de s'avouer coupable de tous les maux qui affligeoient l'état.

Par qui Louis Ier, transféré par Lothaire de Saint-Médard de Soissons à l'abbaye de Saint-Denis, fut-il délivré ? Par ses deux fils Pepin et Louis, qui, jaloux du pouvoir sans bornes que venoit d'usurper leur frère Lothaire, rétablirent Louis Ier sur le trône, et mirent de nouveau entre ses bras sa femme Judith et son fils Charles.

Quelle dernière épreuve essuya l'empereur Louis Ier, après la mort de son second fils Pepin ? Son troisième fils, Louis de Bavière, dit le Germanique, irrité de ce qu'on eût promis à son frère Lothaire la moitié de l'empire , voulut se rendre indépendant de son père, qui, obligé de marcher contre lui pour le punir de sa désobéissance, en mourut de douleur dans une des îles du Rhin , l'an 840.

De quelle manière l'empereur Louis Ier exprima-t il son chagrin avant sa mort ? « Je pardonne, dit-il, à mon fils Louis, mais qu'il sache que c'est lui qui m'arrache la vie. »

Quelle donation Louis Ier avoit-il faite aux papes dès les premières années de son règne, l'an 817 ? Il leur avoit donné la ville de Rome et ses appartenances ; mais il en avoit retenu toujours la souveraineté, comme le prouvent les actes d'autorité suprême que lui et ses successeurs y exercèrent.

Comment Louis Ier improuvoit-il le luxe excessif des militaires à l'armée ? « Quelle extravagance ! disoit-il ; ne leur suffit-il pas d'exposer leur vie , sans enrichir encore l'ennemi de leurs dépouilles , et le mettre en état de continuer la guerre à leurs dépens ? » (12 j.)

25.

CHARLES LE CHAUVE, EMPEREUR.

Charles Chauve d'un frère à Fontenay vainqueur.

En quoi le commencement du règne de Charles le Chauve fut-il célèbre, l'an 841 ? Par le combat sanglant de Fontenay en Bourgogne, où , dit-on, plus de cent mille François restèrent sur le champ de bataille.

Quel avoit été le sujet de la bataille de Fontenay ? Lothaire , fils aîné de Louis le Débonnaire, prétendoit être son unique héritier ; Charles son frère s'y opposoit ; et , ligué avec son autre frère Louis, il voulut , dans cette journée, décider la querelle par la voie des armes.

Quel fut le résultat de la bataille de Fontenay ? Charles ne profita pas de la victoire qu'il y avoit remportée sur Lothaire, puisque, ne conservant pour lui que l'Aquitaine avec la Neustrie , il céda librement à Louis la Germanie , et à Lothaire l'Italie avec le titre d'empereur.

Quelle nouvelle guerre vint occuper Charles le Chauve après qu'il eut partagé l'empire avec ses frères ? La guerre contre les Normands, peuple naturellement belliqueux , sorti de la Scandinavie, et que Charles encourageoit en quelque sorte à lui faire la guerre, parce qu'il leur opposoit plus souvent l'or que le fer.

Comment Charles, quoique plus jeune que Louis de Bavière ou le Germanique, devint-il empereur l'an 875? C'est qu'à la mort de Lothaire leur aîné, il alla sur-le-champ à Rome avec une armée considérable, et s'y fit couronner par le pape Jean VIII, au préjudice de son frère Louis.

Que fit Charles après la mort de son frère Louis le Germanique? Il reprit sur les enfants de ce prince tout ce qu'il avoit cédé dans la Lorraine; mais, étant battu par Louis, second fils de Louis le Germanique, il repassa en Italie.

Comment finit Charles? Il fut empoisonné par un Juif nommé Sédécias, son médecin et son favori; et il mourut à Brios, village en deçà du mont Cénis, l'an 877, après avoir régné trente-sept ans comme roi de France, et presque deux comme empereur. (7 jetons.)

26.

LOUIS II LE BÈGUE , EMPEREUR.

Louis le Bègue encore eut le nom d'empereur.

*De qui étoit fils Louis II, dit le Bègue à

cause du défaut de sa langue ? Il étoit fils de Charles le Chauve, qui, dès l'année 867, l'avoit fait couronner roi d'Aquitaine, mais qui ne l'eut pour successeur dans le royaume de France que l'an 877.

Quel sacrifice Louis II fut-il contraint de faire dès le commencement de son règne ? Celui de démembrer une grande partie de son domaine en faveur de Boson, qui s'étoit fait roi de Provence, et en faveur de plusieurs autres seigneurs mécontents.

Combien de temps régna Louis II, qui, comme son père, eut le nom d'empereur ? Il régna à peine deux ans, avec très peu de gloire, et il mourut à Compiègne, l'an 879, étant âgé de trente-cinq ans.

Combien d'enfants Louis II laissa-t-il en mourant ? Il en laissa deux nés d'un premier lit, Louis et Carloman, qui partagèrent entre eux le royaume; mais comme leur belle-mère étoit restée enceinte à la mort de Louis II, elle leur donna un troisième frère nommé Charles le Simple. (4 jetons.)

27.

LOUIS III et CARLOMAN.

Louis trois, Carloman, aux Normands se font craindre.

Quelles provinces les deux rois frères,

Louis III et Carloman gouvernèrent-ils en régnant ensemble, l'an 879 ? Louis gouverna la France et la Neustrie ; Carloman, la Bourgogne et l'Aquitaine.

Sous quel prétexte Boson, gouverneur de Vienne et beau-frère de Charles le Chauve, se fit-il déclarer à Lyon roi de Bourgogne ? Il prétendoit que comme la mère de Louis et de Carloman avoit été répudiée par Louis le Bègue, les enfants nés de ce premier mariage n'étoient pas légitimes.

Comment finirent les prétentions de Boson ? Louis et Carloman l'assiégèrent dans Vienne, et le vainquirent complètement l'an 880.

Comment Louis III se fit-il craindre, surtout aux Normands, qui ravageoient le royaume ? Il quitta le siège de Vienne, et il vint les attaquer près d'Amiens, où il leur tua, dit-on, neuf ou dix mille hommes.

Après la mort de Louis III, comment Carloman, resté seul roi, se défendit-il contre les Normands ? Ne pouvant se faire craindre d'eux par sa bravoure, il leur donna de l'argent pour les engager à se retirer, l'an 882.

Par quel accident Carloman, âgé de dix-huit ans, fut-il tué à la chasse, l'an 884 ?

Par un trait que des personnes de sa suite voulurent lancer contre un sanglier lorsque le roi étoit aux prises avec cet animal. (6 jetons.)

28.

CHARLES LE GROS , EMPEREUR.

De tous abandonné, Charles Gros est à plaindre.

Comment Charles le Gros , roi de Souabe et d'Italie , et empereur françois en Occident, eut-il le gouvernement du royaume de France après la mort de Carloman ? Les François le choisirent pour en être gouvernés pendant la minorité de Charles le Simple , dont il étoit le plus proche parent.

Comment Charles le Gros se conduisit-il envers les Normands , qui vinrent faire de nouvelles incursions en France , et assiéger Paris ? Il aima mieux acheter d'eux la paix avec de l'argent , que d'aller les combattre à la tête d'une armée d'Allemands et de François , comme il auroit pu le faire.

Comment Charles le Gros se trouva-t-il à son retour en Allemagne ? Son esprit s'étant entièrement affoibli , et les officiers de sa suite s'étant retirés , il fut réduit à la dure nécessité d'aller chercher des moyens de subsistance auprès d'Arnoul son neveu , nommé son successeur à l'empire. (3 jetons.)

29.

EUDES.

Eudes ne fut point roi, mais porta la couronne.

Comment Eudes , fils aîné de Robert le Fort , comte de Paris , fut-il élu roi de France ? Ce fut par l'avis de l'empereur Arnoul, qui , en refusant pour lui-même la couronne de France qu'on lui offroit, ne trouvoit personne plus capable que Eudes.

Quel intérêt avoit Arnoul que l'on élût pour roi de France un seigneur particulier tel que Eudes , plutôt qu'un prince de la famille impériale ? Comme il n'étoit lui-même qu'un fils naturel de Carloman , roi de Bavière, prince du sang de France , il craignoit qu'un roi légitime du sang de Charlemagne ne lui disputât et ne lui enlevât l'empire.

Quelles entreprises fit Eudes , l'un des plus vaillants princes de son siècle, l'an 881 ? Il contraignit les Normands à lever le siège de devant Paris ; et, l'année suivante, il les poursuivit jusque sur la frontière.

Comment se conduisit Eudes après qu'il eut été proclamé roi de la France occidentale , l'an 888 ? Il obligea Charles le Simple, qui lui étoit suspect, à se retirer dans la Neustrie ; et il se rendit maître de Laon. (4 jetons.)

3o.

CHARLES LE SIMPLE.

Charles Simple y revint, mais fut mis à Péronne.

Comment Charles le Simple, enfant posthume de Louis le Bègue, monta-t-il sur le trône, l'an 893 ? Après que Eudes eut régné quatre ans, Charles lui déclara la guerre, en sortit vainqueur, et se fit couronner à Reims.

Par qui Charles le Simple fut-il appelé au trône ? Par Foulque, archevêque de Reims, qui étoit contraire à Eudes, et soutenoit que la coutume des François étoit de prendre pour roi un prince du sang royal.

Quel traité Charles le Simple fut-il obligé de faire avec les Normands, l'an 912 ? Il leur accorda en fief la Neustrie, appelée depuis *Normandie*, avec titre de duché, et donna en mariage sa fille Giselle à Rollon leur prince, sous la condition néanmoins que lui et les siens recevroient le baptême.

Quelles prétentions eut Rollon après avoir obtenu la Normandie ? Il demanda la Bretagne, que Charles lui disputa pendant quelque temps, mais qu'il finit par lui accorder.

Qu'arriva-t-il à Charles lorsqu'on obligea

Raoul, duc de Bourgogne, à faire baiser le pied du roi de France par un de ses gendarmes? Le gendarme chargé de rendre cet hommage au nom de Raoul, leva si haut le pied de Charles, que ce roi en tomba à la renverse.

Comment Charles le Simple s'étoit-il aliéné le cœur de la noblesse? Par des concessions trop grandes aux Normands, par la perte de la Lorraine, dont Henri l'Oiseleur s'étoit emparé impunément, et par la fierté insolente de son ministre Haganon, homme d'une origine obscure, qui dominoit entièrement le roi et l'état.

Quelles suites eut la haine que les François avoient conçue contre Charles le Simple? Plusieurs seigneurs nommèrent roi Robert, frère du roi Eudes, et comte de Paris, qui se fit couronner à Reims par ceux de son parti, et fut remplacé par Raoul, duc de Bourgogne.

Pourquoi Charles fut-il enfin renfermé dans la tour de Péronne, l'an 923? Vexé par la noblesse et battu par Hugues le Grand, il se sauva chez Herbert, comte de Vermandois, qui, sous prétexte de défendre sa couronne, l'enferma dans le château de Péronne, où Charles mourut l'an 929, après une captivité de six ans. (8 jetons.)

VIe SIÈCLE DE LA MONARCHIE.

DEPUIS L'AN 900 JUSQU'A L'AN 1000.

Case 23 du Tableau.

31.

RAOUL.

Raoul parvient au trône, et gouverne en neuf cents.

Comment Raoul, duc de Bourgogne, parvint-il au trône, l'an 923 ? Il y fut appelé par les François, qui le firent succéder à l'usurpateur Robert, son beau-père, tué dans un combat par Charles le Simple.

Qu'arriva-t-il l'an 936, après la mort de Raoul, dont la vie n'offrit rien de remarquable ? Il y eut un interrègne de cinq ans, jusqu'au retour de Louis d'Outremer, fils de Charles le Simple, que les principaux seigneurs avoient appelé d'Angleterre. (2 jetons.)

32.

LOUIS IV D'OUTREMER.

Louis d'Outremer tombe au pouvoir des Normands.

Quels succès eut Louis d'Outremer, ainsi

nommé à cause de son séjour en Angleterre ? Il fut malheureux, non-seulement dans sa guerre contre l'empereur Othon Ier, son beau-frère, à qui il voulut inutilement prendre la Lorraine, mais encore dans son expédition contre les Normands, qui le firent prisonnier.

A quelle condition les Normands accordèrent-ils la liberté à Louis d'Outremer, l'an 944, après l'avoir gardé un an ? A condition que ce roi rendroit aux Normands leur jeune prince, Richard Ier, fils du duc Guillaume Longue-Épée, et qu'il céderoit le comté de Laon à Hugues le Blanc, comte de Paris.

Quelle guerre occasionna la cession forcée du comté de Laon, faite par Louis d'Outremer ? Ce roi, soutenu de l'empereur Othon Ier, du comte de Flandre et du pape, obligea Hugues le Blanc à faire la paix avec lui, et à lui rendre le comté de Laon, en 950.

Comment finit Louis d'Outremer ? Il fut renversé par son cheval en poursuivant un loup, et mourut des suites de cette chute, à Reims, âgé de trente-huit ans.

Quels enfants Louis d'Outremer laissa-t-il en mourant, l'an 954 ? Il ne laissa que deux fils, Lothaire et Charles, dont le premier lui succéda, et le second reçut d'abord un apa-

nage, et ensuite fut nommé duc de la bas
Lorraine. (5 jetons.)

33.

LOTHAIRE.

Lothaire contre Othon défendit mal les siens.

*Avec quel succès Lothaire, fils de Lou
d'Outremer, fit-il la guerre à l'empereu
Othon II ?* L'ayant surpris d'abord, il le f
fuir devant lui, mais ensuite, ne sachant pa
profiter de ces avantages, il lui rendit la Lor
raine, l'an 980.

Comment finit Lothaire, l'an 986 ? I
mourut à Compiègne, empoisonné, à ce qu'o
croit, par Emma, sa femme, et laissa pou
lui succéder un fils appelé Louis V. (2 jetons.)

34.

LOUIS V LE FAINÉANT.

Louis cinq est dernier des Carlovingiens.

*Combien de temps régna Louis V, dit le
Fainéant, et fils de Lothaire ?* Il ne régna
qu'un an, et mourut, âgé d'environ vingt ans,
en 987, par le poison que lui avoit donné la
reine Blanche, sa femme.

Quel usage commença à s'établir en Europe, vers le temps de Louis V ? Celui d'ajouter au nom de baptême des individus quelque épithète tirée soit de leur caractère moral, soit de leur forme physique, soit du lieu de leur naissance. C'est ainsi que les dénominations de *le blanc, le noir, le vert, le bègue, le bossu, le breton, l'allemand, le prince, l'évêque, le roi, le fevre,* etc., devinrent des noms de famille.

Pourquoi Louis V fut-il le dernier roi de la race des Carlovingiens, qui a régné en France deux cent trente-six ans ? Après sa mort, la couronne devoit passer de droit à son oncle Charles Ier, duc de la basse Lorraine, fils de Louis d'Outremer; mais, comme ce prince s'étoit rendu odieux aux François par la guerre qu'il leur avoit faite pendant dix ans, on nomma roi Hugues Capet, comte de Paris.

Qu'est-ce que c'étoit que les cours plénières, sous les rois de la seconde race ? C'étoient des assemblées solennelles, où, sur l'invitation du roi, tous les seigneurs étoient obligés de se trouver à Noël et à Pâques : ces assemblées, plus fastueuses qu'utiles, duroient une semaine.

Par quelle langue fut remplacée la langue

latine, qui étoit encore, sous la première race, la langue vulgaire? Par la langue *romance,* jargon mêlé de franc et de mauvais latin, et qui donna naissance à la langue françoise. (5 jetons.)

ROIS DE LA TROISIÈME RACE,

DITE DES CAPÉTIENS.

35.

HUGUES CAPET.

Hugues Capet, dans Laon, prend son compétiteur.

Pourquoi Hugues, chef des rois de la troisième race, dite des Capétiens, eut-il le surnom de Capet? Ce surnom lui fut donné, selon les uns, à cause de la grosseur de sa tête; selon d'autres, à cause de sa prudence et de sa sagesse.

De qui Hugues Capet étoit-il issu? Il avoit pour bisaïeul Robert le Fort, marquis de France entre la Seine et la Loire; pour aïeul Robert l'usurpateur du trône de Charles le Simple; et pour père Hugues le Grand, comte de Paris.

*Que fit Hugues Capet lorsque Charles I*er

de Lorraine voulut lui disputer le trône ? Après avoir marché contre lui, et l'avoir fait prisonnier dans la ville de Laon, il l'enferma dans Orléans, où il le laissa mourir.

Quels démélés Hugues Capet eut-il avec Arnoul, archevéque de Reims, et frère naturel de Charles Ier de Lorraine ? Irrité de ce qu'Arnoul, après s'être réconcilié avec lui, continuoit de favoriser le parti des mécontents, il le fit déposer dans un concile, et lui substitua Gerbert, précepteur de son fils Robert.

Jusqu'à quel point le pape soutint-il les droits d'Arnoul, archevéque de Reims ? Il excommunia les évêques du concile qui avoit déposé ce prélat, et ordonna que Gerbert seroit chassé du siége de Reims, et qu'Arnoul y seroit rétabli.

Par quels moyens Hugues Capet s'affermit-il sur le trône ? D'un côté, il usa de clémence envers ses ennemis ; et, de l'autre, il laissa en propriété aux seigneurs les divers gouvernements dont ils s'étoient emparés, et qui depuis lors devinrent héréditaires dans leurs familles, à titre de fiefs.

Que disoit Hugues Capet à ceux qui vouloient lui inspirer des desseins de vengeance contre ses anciens ennemis ? Il leur répondoit que ce n'étoit pas au roi de France à venger les inimitiés de l'ancien comte de Paris et d'Anjou.

Pourquoi Hugues Capet s'associa-t-il au trône son fils Robert ? Il voulut, par ce moyen, d'après l'exemple de plusieurs de ses prédécesseurs, assurer davantage la succession dans sa famille. (8 jetons.)

36.

ROBERT.

Robert sage et pieux, des lettres amateur.

Quel fut le caractère de Robert, fils et successeur de Hugues Capet ? Il mérita le surnom de *sage* et de *pieux*, au point qu'après saint Louis il a été cru le roi le plus vertueux que la France ait eu.

Quelle preuve de docilité donna Robert au saint-siége ? D'après la sentence du pape Grégoire V, il renonça au mariage qu'il avoit contracté avec Berthe, sa commère et sa cousine, fille de Conrad, roi de Bourgogne.

Quel mariage fit Robert après avoir renvoyé sa première femme Berthe ? Il épousa Constance, fille de Guillaume, comte d'Arles et de Provence, princesse altière et acariâtre, qui le contrarioit en tout.

Jusqu'à quel point la reine Constance gé-

noit-elle son mari Robert ? Ce roi étoit obligé même de faire le bien en cachette ; et, pour garder la paix domestique, il fut souvent obligé de dire aux pauvres à qui il faisoit des aumônes : « Prenez garde que la reine ne s'en aperçoive. »

En quoi Robert montra-t-il son goût pour les lettres ? Dans un temps où les princes savoient à peine lire, il composa des hymnes en latin, qu'on chante même de nos jours dans l'Église.

Comment se conduisit Robert après qu'il eut découvert une conspiration contre lui et contre l'état ? Il fit arrêter, juger et condamner à mort les principaux coupables ; mais le lendemain, après qu'ils eurent été admis à la communion qui devoit précéder le supplice, Robert leur fit grâce en disant « qu'on ne pouvoit faire mourir ceux que Jésus-Christ venoit de recevoir à sa table. »

Quelle fut la fin de Robert, l'an 1031 ? Il mourut à Melun, âgé de soixante ans, après en avoir régné trente-trois, et laissa la couronne à son fils Henri Ier. (7 jetons.)

<hr>

VIIe SIÈCLE DE LA MONARCHIE.

DEPUIS L'AN 1000 JUSQU'A L'AN 1100.

Case 24 du Tableau.

37.

HENRI Ier.

Mille ans passés, Henri régna malgré sa mère.

Comment Henri Ier, fils et successeur de Robert, régna-t-il malgré sa mère ? Constance sa mère, appuyée par Eudes, comte de Champagne, et par Baudouin, comte de Flandre, excita une révolte contre Henri, son fils aîné, dans la vue de faire passer la couronne à Robert, son second fils; mais Henri, soutenu de Robert Ier le Magnifique, duc de Normandie, soumit les rebelles et monta sur le trône.

Comment se conduisit Henri Ier envers Robert, son frère et son compétiteur ? Après l'avoir vaincu, il lui céda de bonne grace le duché de Bourgogne : c'est ainsi que Robert devint la tige de la première race des ducs de ce nom, qui finit dans la personne de Charles le Téméraire, tué devant Nancy l'an 1477.

Que fit Henri Ier après la mort de Robert Ier le Magnifique, duc de Normandie, qui l'avoit soutenu dans la guerre contre sa mère Constance ? Comme l'on disputoit la possession du duché de Normandie à Guillaume, depuis nommé le Conquérant, et fils naturel de Robert Ier, Henri s'acquitta de ses obligations envers le père en aidant le fils à conquérir cet héritage paternel.

Que fit Henri Ier, devenu ensuite jaloux de la gloire de Guillaume le Conquérant ? Il encouragea d'abord un des parents de Guillaume à s'emparer de la Normandie, et ensuite il tenta de faire pour lui-même la conquête de cette province ; mais tous ses efforts furent sans succès.

A qui Henri Ier, mort des suites d'une médecine prise mal-à-propos, laissa-t-il la tutelle de son fils Philippe, l'an 1060 ? A Baudouin V, comte de Flandre, son beau-frère, qui ne négligea rien pour inspirer à son pupille des sentiments de vertu et de sagesse. (5 jetons.)

38.

PHILIPPE Ier.

Philippe fut repris d'un divorce adultère.

Quel fut le divorce scandaleux fait par

Philippe Ier, et improuvé hautement par le pape Urbain II, l'an 1093 ? Philippe, après avoir eu un fils nommé Louis, de son mariage avec Berthe, sœur du comte de Hollande, la quitta pour épouser Bertrade, femme de Foulques, comte d'Anjou, auquel il l'enleva sous de vains prétextes.

Quels furent le motif et l'issue de l'expédition de Philippe Ier en Bretagne ? Le duc de Bretagne ayant été attaqué par Guillaume le Conquérant, implora le secours de Philippe, qui alla à sa défense avec une puissante armée, et lui obtint une paix honorable.

Comment la paix entre Philippe Ier et Guillaume le Conquérant fut-elle rompue ? Par un bon mot de Philippe, qui, faisant allusion à l'embonpoint excessif de Guillaume, lui fit demander plaisamment quand il releveroit de ses couches. Guillaume piqué lui répondit « que cela ne tarderoit pas, et qu'au jour de sa sortie il iroit lui rendre visite avec dix mille lances en guise de chandelles. » En effet, dès qu'il put se tenir à cheval, il vint désoler le Vexin françois, et brûler Mantes.

Combien de temps régna Philippe Ier ? Après avoir occupé le trône quarante-huit ans, il mourut l'an 1108, c'est-à-dire pendant les premières Croisades, auxquelles il ne prit aucune part. Son règne a été le plus long, si l'on en excepte ceux de Clotaire Ier, de Louis XIV et de Louis XV.

Comment fut introduit l'usage des armoiries, du temps de la première Croisade ? Parce qu'il falloit aux seigneurs, qui étoient tout couverts de fer, des bannières et des emblêmes qui les fissent reconnoître de leurs vassaux. (5 jetons.)

VIIIe SIÈCLE DE LA MONARCHIE.

DEPUIS L'AN 1100 JUSQU'A L'AN 1200.

Case 25 du Tableau.

39.

LOUIS VI , DIT LE GROS.

Au douze, Louis Gros sut abaisser les grands :
Perd un fils, sacre l'autre, eut divers descendants.

A qui Louis le Gros, fils et successeur de Philippe Ier, en 1108, fit-il la guerre en montant sur le trône ? A plusieurs seigneurs ses vassaux, parce qu'ils se conduisoient en tyrans dans leurs seigneuries, et qu'ils ne vouloient point le reconnoître pour souverain.

Quels furent les principaux vassaux qui s'opposérent à Louis le Gros ? Les seigneurs de Montmorency, les sires de Montlhéri, les châtelains de Rochefort, les comtes de Corbeil et de Beaumont, dont chacun aspiroit en secret à la royauté.

Par qui étoient particulièrement soutenus les grands vassaux révoltés contre Louis le Gros ? Par le roi d'Angleterre Henri Ier, qui, devenu nouvellement duc de Normandie par la conquête qu'il en avoit faite sur Robert Courte-Cuisse, son frère aîné, avoit de la répugnance à se reconnoître vassal de la France.

Quels obstacles rencontra Louis le Gros en voulant rétablir dans le duché de Normandie Guillaume Cliton, fils de Robert Courte-Cuisse, l'an 1119 ? Il fut battu ; et, dans sa retraite, il manqua même d'être fait prisonnier par un Anglois, qui saisit la bride de son cheval en criant : « Le roi est pris. » Mais Louis le Gros lui répondit avec le plus grand sang-froid : « On ne prend jamais le roi, pas même au jeu d'échecs », et, d'un coup de sa masse d'armes, il l'étendit mort à ses pieds.

Quel succès eut Louis le Gros après avoir fait la paix, du moins en apparence, avec le roi d'Angleterre ? Il fit reculer devant lui l'empereur Henri V, que le roi d'Angleterre Henri Ier avoit secrètement soulevé contre la France.

Pourquoi Louis le Gros ne profita-t-il pas des avantages qu'il avoit eus sur l'empereur Henri V, pour tomber sur Henri Ier et lui enlever la Normandie ? C'est parce qu'il prévoyoit que ses vassaux, qui l'avoient suivi volontiers contre un prince étranger, l'auroient abandonné s'il eût fallu combattre le duc de Normandie, toujours prêt à soutenir leurs révoltes.

Comment Louis le Gros se montra-t-il favorable à l'Eglise ? Il s'en déclara le protecteur, fonda à Paris la célèbre abbaye de Saint-Victor, et reçut en France cinq papes qui y vinrent chercher un asile, savoir : Urbain II, Paschal II, Gélase II, Calixte II, Innocent II.

Qu'étoit l'oriflamme que Louis le Gros alla prendre pour la première fois à Saint-Denis, où il avoit été placé du temps de Dagobert ? C'étoit une espèce d'étendard de couleur rouge, fendu par le bas, suspendu au bout d'une lance dorée, et que les comtes de Vexin avoient seuls le droit de porter lorsqu'ils alloient combattre les ennemis de l'abbaye.

Comment Louis le Gros commença-t-
reprendre l'autorité dont les vassaux s'étoi
emparés ? Il établit des communes ; il affranc
des serfs, et diminua la trop grande auto
des justices seigneuriales.

Quelle fin tragique eut le fils aîné de Lo
le Gros, nommé Philippe ? Ce jeune prin
un an après qu'il eut été sacré à Reims du
vant de son père, perdit la vie en tombant
cheval dans les rues de Paris.

Que fit Louis le Gros après la mort de s
fils aîné ? Il présenta au sacre son autre
Louis, qui prit le nom de *jeune*, parce qu
régna pendant quelques années avec son pèr
qu'on appeloit Louis le *vieux*.

Quels enfants eut Louis le Gros de son s
cond mariage avec Alix, fille du comte
Maurienne et de Savoie ? Il eut plusieurs e
fants, entre autres *Robert*, tige de la maiso
de Dreux, d'où est sortie celle de Bretagne ;
Pierre, tige de la maison de Courtenay, qui
donné des empereurs à Constantinople.

Que dit Louis le Gros à ses enfants, e
mourant, l'an 1137 ? « N'oubliez pas qu
l'autorité royale est un fardeau dont vous ren
drez un compte très exact après votre mort. »
(13 jetons.)

40.

LOUIS VII, DIT LE JEUNE.

Louis le jeune est croisé, renvoie Éléonore.

Pourquoi Louis le Jeune, fils de Louis le Gros et son successeur, l'an 1137, fit-il la guerre à Thibault III, comte de Champagne ? Parce que ce seigneur protégeoit Pierre de Châtre, pourvu de l'archevêché de Bourges par le pape Innocent II, contre la volonté du roi.

Quelles furent les suites funestes de la guerre appelée sacrée, *entre Louis le Jeune et Thibault III, l'an 1141 ?* Le roi mit à feu et à sang la ville de Vitry, sans même épargner le temple, où plus de treize cents personnes, qui s'y étoient réfugiées, devinrent la proie des flammes.

Quelle remontrance fit saint Bernard à Louis le Jeune, au sujet des cruautés exercées à Vitry ? Il lui représenta qu'il ne pouvoit les expier qu'en se rendant dans la Palestine, et le décida, par ce moyen, à entreprendre la seconde Croisade, en dépit des conseils de l'abbé Suger, ministre éclairé, qui croyoit plus utile à l'état de retenir le roi en France.

Quel succès eut Louis le Jeune dans son

expédition en Terre-Sainte, où il se rendit l'an 1147, avec une armée de quatre-vingt mille hommes ? Il fut défait par les Sarrasins ; et, en revenant en France, il fut pris sur mer par des corsaires grecs, des mains desquels il fut heureusement délivré par une flotte de Roger, roi de Sicile.

Que fit Louis le Jeune après son retour de la Terre-Sainte ? Ayant conçu des soupçons fort graves sur la fidélité de sa femme Éléonore, qui l'avoit suivi dans cette expédition, il fit casser son mariage avec elle, et épousa la fille d'Alphonse VIII, roi de Castille.

A qui la reine Éléonore, répudiée par Louis le Jeune, donna-t-elle sa main ? A Henri II, duc de Normandie, depuis roi d'Angleterre, en lui portant en dot le Poitou et la Guyenne, qui furent ensuite la cause, pendant trois cents ans, des guerres funestes entre la France et l'Angleterre.

Comment finit Louis le Jeune, l'an 1180 après avoir régné quarante-trois ans ? Il mourut d'une paralysie qu'il contracta en allant visiter le tombeau de saint Thomas de Cantorbéry pour obtenir la guérison de Philippe son fils, dangereusement malade. (7 jetons.)

41.

PHILIPPE II AUGUSTE.

Son fils Philippe Auguste en répare le tort ;
Reprend la Normandie au roi Jean, dit Sans-Terre.
A Bouvine est vainqueur : son fils eut l'Angleterre;

Quel fut le premier exploit de Philippe Auguste, fils de Louis le Jeune et son successeur, l'an 1180 ? A l'âge de quinze ans il marcha contre les Anglois, qui sembloient vouloir profiter de sa minorité pour envahir une partie de la France, et les força à confirmer les anciens traités entre les deux états.

Que fit Philippe Auguste pour embellir Paris ? Il en fit paver les rues et les places publiques, et renferma cette ville par une enceinte de murs avec des tours.

Comment Philippe Auguste punit-il les Juifs, accusés de plusieurs injustices ? Il les chassa de son royaume, et déclara son peuple quitte envers eux de tout ce qu'il leur devoit; mais il les rappela dans la suite.

Quel succès eut l'expédition de Philippe Auguste en Terre-Sainte, l'an 1190 ? S'étant embarqué avec Richard Ier, roi d'Angleterre, ils prirent ensemble la ville d'Acre sur Saladin ; mais Philippe, fatigué ensuite des divisions et de l'ascendant que prenoit tous les jours Richard Ier, son vassal, crut devoir retourner en France.

Quelle guerre injuste Philippe Auguste fit-il à Richard Ier, pendant que ce roi étoit encore en Terre-Sainte ? Quoiqu'il lui eût promis sur les saints Évangiles de ne rien entreprendre contre lui pendant son absence, il lui enleva Évreux et le Vexin.

A quelle occasion Philippe Auguste reprit-il la Normandie au roi Jean Sans-Terre, successeur de Richard Ier ? Comme Jean Sans-Terre, après avoir tué Arthus de Bretagne son neveu, refusoit de se soumettre à la cour des pairs de France, qui devoit le juger, Philippe profita de cette résistance du roi d'Angleterre pour lui enlever la Normandie, le Maine, l'Anjou, la Touraine, le Poitou, et les remettre sous sa domination.

Quelle fameuse bataille gagna Philippe Auguste, l'an 1214 ? Celle de Bouvines, près de Tournay, où, avec une armée bien plus foible que celle des ennemis, il défit le roi d'Angleterre, le comte de Flandre et l'empereur Othon IV, ligués contre lui, et mena enchaînés à Paris les comtes de Flandre et de Boulogne.

Comment Louis, fils de Philippe Auguste,

fut-il appelé au royaume d'Angleterre ? Les Anglois, fatigués de la domination tyrannique du roi Jean Sans-Terre, offrirent sa couronne au roi de France, qui les engagea à recevoir son fils Louis; mais ce prince fut bientôt renvoyé en France par ces mêmes Anglois.

Quelle fut la fin de Philippe Auguste, l'an 1223 ? Ce roi, qui avoit mérité le surnom d'*Auguste* à cause de ses conquêtes et de ses grands talents politiques, mourut à Mantes, âgé de cinquante-neuf ans, après en avoir régné quarante-trois. (9 jetons.)

IX⁰ SIÈCLE DE LA MONARCHIE.

DEPUIS L'AN 1200 JUSQU'A L'AN 1300.

Case 26 du Tableau.

42.

LOUIS VIII, DIT LE LION.

Au treize, Louis huit réduisit l'Albigeois.

Quels furent les premiers exploits de Louis VIII, qui succéda à son père Philippe Auguste, l'an 1223? Ce roi, qui signala le com-

mencement de son règne par l'affranchissement des serfs, et que sa bravoure fit nommer *cœur de lion*, réussit à chasser en peu de temps les Anglois de Niort, du Limosin, du Périgord et du pays d'Aunis.

Pourquoi Louis VIII n'acheva-t-il pas de chasser entièrement les Anglois de France? Au moment qu'il alloit leur enlever la Gascogne, seule province qui leur restoit, il porta ses armes contre les hérétiques Albigeois réfugiés à Avignon, où il perdit plus de la moitié de ses troupes et ses officiers les plus distingués.

Que devint Louis VIII lorsqu'il eut fait inutilement la guerre aux Albigeois, l'an 1226? En revenant à Paris, il tomba malade à Montpensier en Auvergne, où il mourut âgé de trente-neuf ans, après en avoir régné trois.

Qu'y a-t-il particulièrement à observer au sujet de Louis VIII? C'est que ce roi, par la multiplicité d'enfants qu'il eut de son mariage avec Blanche de Castille, a procuré à l'Europe les branches d'Artois, d'Anjou, du Maine, de Provence et de Naples. (4 jetons.)

43.

LOUIS IX SAINT.

Saint Louis fait la guerre en Afrique deux fois.

Qui fut chargé de la régence de Louis IX

dit saint Louis, fils aîné de Louis VIII et son successeur, l'an 1226 ? La reine Blanche de Castille sa mère, princesse sage et vertueuse, qui soutint heureusement la guerre contre le comte de Champagne et contre d'autres seigneurs peu soumis à leur prince.

Dans quelle bataille saint Louis, encore jeune, commença-t-il à donner des preuves de sa valeur, l'an 1241 ? A la bataille de Taillebourg en Poitou, où il défit les Anglois, qui soutenoient plusieurs feudataires rebelles à l'état.

Comment saint Louis se comporta-t-il dans les grands démêlés du pape Innocent IV avec l'empereur Frédéric II ? Malgré les instances réitérées de ces deux princes, dont chacun vouloit le mettre dans ses intérêts, il n'accorda rien à leurs prétentions, et refusa même l'empire que le pape lui offroit.

Quel succès eut saint Louis dans sa première expédition en Terre-Sainte, l'an 1248 ? Il prit d'abord Damiette, et remporta plusieurs victoires ; mais ensuite, affoibli par une maladie qui causoit de grands ravages dans son armée, il fut fait prisonnier par les Sarrasins avec ses deux frères Alphonse et Charles.

Comment saint Louis, étant prisonnier des Sarrasins en Egypte, recouvra-t-il sa liberté ? Il paya quatre cent mille livres pour la rançon de ses troupes, et rendit Damiette pour la sienne, disant qu'un roi de France ne se rachète pas pour de l'argent.

Pourquoi saint Louis quitta-t-il la Terre-Sainte, l'an 1254 ? Ce fut pour revenir en France, où sa présence étoit nécessaire, surtout après la mort de la reine Blanche, sa mère, et régente.

Quels réglements fit saint Louis à son retour en France ? 1° Il établit quatre grands bailliages pour écouter les plaintes des peuples opprimés par les barons ; 2° il admit dans le parlement des hommes instruits pour rectifier les décisions des chevaliers, qui savoient rarement lire, et qui décidoient de la vie des particuliers ; 3° il porta des édits sévères contre l'impiété et le désordre.

Quel exemple remarquable de justice donna saint Louis ? Il fit juger et condamner le comte d'Anjou, son frère, qui avoit fait emprisonner un gentilhomme, son vassal, avec qui il étoit en procès.

Quels monuments remarquables laissa saint Louis ? Il fit bâtir, entre autres, la *Sainte - Chapelle*, et l'hôpital des *Quinze-vingts*, pour y loger les trois cents gentils-hommes qui l'avoient suivi dans les Croisades, et auxquels les Infidèles avoient crevé les yeux.

Que fit saint Louis, l'an 1270, après s'être croisé pour la seconde fois? Il assiégea Tunis en Afrique, dont, huit jours après, il emporta le château ; mais, atteint par une maladie contagieuse qui ravageoit son armée, il mourut peu de temps après. (10 jetons.)

44.

PHILIPPE III LE HARDI.

Philippe le Hardi voit le chef de Bourbon,
Reprend le Languedoc, eut guerre en Aragon.

Comment Philippe le Hardi vit-il le commencement de la branche de Bourbon? Par le mariage de son quatrième frère Robert, comte de Clermont, avec Béatrix, fille de Jean de Bourgogne, et héritière de Bourbon par sa mère.

Dans quelle circonstance Philippe, surnommé le Hardi, fut-il proclamé roi de France, l'an 1270? Ce fut lorsqu'il étoit dans son camp devant Tunis, où il avoit suivi son père saint Louis, dont il étoit le fils aîné.

Quel fut le premier acte de royauté exercé par Philippe le Hardi? Il fit avec les Infidèles une trève de dix ans, afin de revenir en France s'occuper des affaires de son royaume.

Comment le comté de Toulouse revint-il à Philippe le Hardi ? Par la mort d'Alphonse son oncle, qui avoit épousé la fille de Raymond VII, comte de Toulouse, à condition que, s'il n'avoit point d'enfants, ce comté seroit réuni à la couronne.

Pourquoi Philippe fit-il la guerre en Aragon au roi Pierre ? Pour le punir du massacre qu'on avoit fait, par son ordre, de huit mille François qui se trouvoient en Sicile, et dont un seul échappa à la fureur des assassins. Ce massacre eut le nom de *Vêpres siciliennes,* parce qu'il fut commis le lendemain de Pâques, au son de la cloche de Vêpres, l'an 1282.

Comment finit Philippe le Hardi, l'an 1285? En revenant de la guerre contre Pierre III d'Aragon, il mourut à Perpignan, d'une fièvre maligne, à l'âge de quarante-un ans. C'est sous le règne de ce prince qu'on voit les premières lettres d'anoblissement. (6 jetons.)

45.

PHILIPPE IV LE BEL.

Sous Philippe le Bel, le Flamand révolté,
Se soumet à la fin ; le pape est arrêté.

Quelle guerre eut d'abord à soutenir Phi-

lippe le Bel, fils de Philippe le Hardi et son successeur? La guerre contre les Flamands, qui, encouragés par le roi d'Angleterre Edouard Ier, se révoltèrent contre la France, sous prétexte de venger Édouard de l'affront qu'on lui avoit fait en le citant au parlement de Paris pour y rendre compte des violences commises sur les côtes de la Normandie.

Quels succès eut Philippe le Bel contre les Flamands, l'an 1296 ? Vainqueur à Furnes et des Anglois et des Flamands, il les obligea d'accepter les conditions de paix qu'il voulut leur dicter.

Combien de temps dura la paix que Philippe le Bel avoit faite avec les Flamands ? Elle dura très peu, parce que les gouverneurs françois que Philippe le Bel leur avoit laissés, s'étoient rendus odieux par des tyrannies.

Quel fut le résultat de la seconde guerre que Philippe le Bel fit aux Flamands ? Par la jalousie des chefs, il perdit, l'an 1302, la bataille de Courtrai, où périrent le comte d'Artois avec vingt mille hommes, et l'élite de la noblesse françoise.

Comment Philippe le Bel vengea-t-il sa défaite de Courtrai, l'an 1304 ? Par la fameuse bataille de Mons en Puelle, où il laissa plus de vingt-cinq mille Flamands sur la place, et mit la Flandre entièrement à sa disposition.

Comment finirent les démêlés de Philippe le Bel avec le pape Boniface VIII ? Le roi, que ce pontife avoit excommunié dans un mouvement de colère, en appela à un concile général, et envoya vers lui l'habile négociateur Nogaret, qui, sous prétexte de signifier à la cour de Rome cet appel, trouva le moyen d'enlever le pape, étant de concert avec les Colonne, premiers barons romains.

Que se passa-t-il au concile de Vienne en Dauphiné, convoqué sous le pape Clément V, créature de Philippe le Bel ? On y abolit l'ordre des Templiers, contre lequel le roi avoit conçu une haine implacable, et dont le chef, nommé Molay, fut condamné aux flammes avec un grand nombre de religieux de son ordre. (7 jetons.)

Xᵉ SIÈCLE DE LA MONARCHIE.

DEPUIS L'AN 13,00 JUSQU'A L'AN 1400.

Case 27 du Tableau.

46.

LOUIS X LE HUTIN.

Louis Hutin, (*Philippe et Charles Bel, tous trois*)
Sans fils en treize cents.

Combien de temps régna Louis X, dit Hutin ou Mutin, c'est-à-dire querelleur ? Il régna deux ans, ayant succédé à son père Philippe le Bel, l'an 1314, et étant mort l'an 1316 à Vincennes.

Quel acte de rigueur exerça Charles de Valois, oncle du nouveau roi Hutin ? Etant à la tête du gouvernement, il fit pendre, le jour de l'Ascension, Enguerrand de Marigny, qui, en plein conseil, lui avoit donné un démenti, et à qui il reprochoit d'avoir pillé les finances, accablé le peuple d'impôts, et altéré les monnoies.

Quelle difficulté s'éleva au sujet de la succession de Louis le Hutin, mort sans enfants

7

mâles, l'an 1316 ? Jeanne, née du premier mariage de Louis avec Marguerite de Bourgogne, sembloit devoir succéder à son père ; mais les états-généraux, faisant valoir la loi Salique, l'exclurent de la couronne, et nommèrent roi Philippe le Long, second fils de Philippe le Bel. (3 jetons.)

47.

PHILIPPE V LE LONG.

(*Louis Hutin*) Philippe (*et Charles Bel, tous trois*) Sans fils en treize cents.

Combien de temps régna Philippe V, surnommé le Long à cause de sa grande taille ? Il régna cinq ans, c'est-à-dire depuis 1316, qu'il avoit succédé à Louis le Hutin, son frère, jusqu'à la fin de l'année 1321, où il finit ses jours à Vincennes.

Pourquoi Philippe le Long chassa-t-il de son royaume les Juifs que son prédecesseur y avoit rappelés ? Parce qu'ils étoient accusés d'avoir empoisonné les puits et les fontaines publiques, de concert avec les lépreux et les Sarrasins.

Quel projet utile avoit formé Philippe le Long ? Celui d'établir l'unité des poids et des mesures ; mais il ne put le réaliser, ayant rencontré un trop grand nombre de difficultés à surmonter. (3 jetons.)

48.

CHARLES IV LE BEL.

(*Louis Hutin*, *Philippe*) *et* Charles Bel *tous trois*)
Sans fils en treize cents.

Combien de temps régna Charles le Bel , troisième fils de Philippe le Bel ? Il régna six ans , savoir, depuis l'an 1322 , qu'il avoit succédé à son frère Philippe le Long , jusqu'à l'an 1328 , où, âgé de trente-huit ans , il finit ses jours à Vincennes.

Quel exemple de justice rigoureuse donna Charles le Bel ? Il fit punir sévèrement les rapines des financiers et des traitants , presque tous venus d'Italie , surtout de la Lombardie ; et il les renvoya pauvres dans leur pays , tels qu'ils en étoient venus.

Pourquoi Charles le Bel enleva-t-il la Guyenne aux Anglois ? Parce que Édouard II , roi d'Angleterre , avoit manqué de se trouver au sacre du roi de France , en sa qualité de feudataire de la couronne.

Que fit Édouard II pour se réconcilier avec Charles le Bel? Il envoya en France sa femme Isabelle , sœur de Charles ; et, peu de temps après, il fit partir son fils, le prince de Galles, pour faire hommage à la France du duché de la Guyenne.

Qu'y a-t-il à observer au sujet de Charles le Bel? C'est que la première branche de la troisième race, dite des Capétiens, finit en ce roi. (5 jetons.)

BRANCHE DES VALOIS.

49.

PHILIPPE VI DE VALOIS.

Philippe de Valois
Fut par le Dauphiné consolé de Créci.

Comment Philippe de Valois parvint-il à la couronne, l'an 1328, après la mort des trois fils de Philippe le Bel? En sa qualité de leur cousin germain, étant fils de Charles de Valois, frère de Philippe le Bel.

Qu'a-t-on remarqué au sujet de Charles de Valois, père du roi Philippe de Valois? Il fut fils de roi, frère de roi, oncle de trois rois, et père de roi, sans avoir été roi lui-même.

Quel fut le premier exploit militaire de Philippe de Valois? Il alla au secours du

comte de Flandre, dont les sujets s'étoient révoltés ; et, les ayant défaits dans une bataille à
Mont-Cassel, il les mit entièrement sous son
obéissance.

*Quel sage conseil Philippe de Valois
donna-t-il au comte de Flandre avant de le
quitter ?* Il lui dit ces mots mémorables : « Soyez
plus prudent et plus humain à l'avenir, et vous
aurez moins de rebelles. »

*Quelle fut la cause des démêlés qui eurent
lieu entre Philippe de Valois et Édouard
III, roi d'Angleterre ?* Édouard prétendoit à
la couronne de France comme petit-fils de
Philippe le Bel par sa mère ; Philippe de Valois, de son côté, lui opposoit la loi Salique,
qui exclut de la couronne non-seulement les
femmes, mais aussi leur postérité.

*Comment Philippe de Valois finit-il d'ai-
grir Édouard III, l'an* 1329 ? Il le força de
venir à Amiens en qualité de vassal pour le duché de Guyenne, et d'y rendre hommage tête
nue, sans couronne, ni épée, ni éperon, ge-
nou en terre, en présence des rois de Navarre,
de Bohême et de Majorque.

*Quel succès eut Édouard III dans la guerre
qu'il déclara à Philippe de Valois, vers l'an*
1336 ? Il gagna la fameuse bataille de l'*Ecluse*,
où la flotte françoise, composée de cent vingt

gros vaisseaux montés par quarante mille hommes, fut battue par celle d'Angleterre.

Après la trève qui avoit suivi le combat de l'Ecluse, quelle autre bataille fameuse gagnèrent les Anglois sur les François, l'an 1346 ? La bataille de Créci en Picardie, où il périt près de trente mille François, quinze cents gentilshommes, et onze princes, entre autres Jean, roi de Bohême, et Charles, comte d'Alençon, frère du roi.

Quelle fut particulièrement la cause du succès qu'eurent les Anglois à Créci ? Le canon, dont les Anglois se servirent les premiers dans cette journée, et dont ils firent jouer six pièces à-la-fois.

Quelle ville prirent les Anglois après avoir gagné la bataille de Créci ? Ils s'emparèrent de Calais, malgré la noble résistance des habitants de cette ville, et ils la gardèrent pendant plus de deux cents ans.

En quoi le siège de Calais est-il célèbre ? Par l'héroïque dévoûment d'Eustache de Saint-Pierre et de cinq autres habitants de Calais. (Voyez *Leçons de Géographie*, seconde partie, à l'article *Calais*.)

Comment Philippe de Valois fut-il consolé de ses pertes contre les Anglois ? Il acquit par différentes voies le Roussillon, Montpellier, et les comtés de Champagne, de Brie, du Dauphiné.

A quelle condition Humbert, dernier prince du Dauphiné, laissa-t-il ses états à la France ? A condition que les fils aînés de nos rois s'appelleroient *dauphins*, et qu'ils porteroient les armes de cette province écartelées avec celles de France.

Quel impôt Philippe de Valois établit-il pour fournir aux besoins de l'état ? Il introduisit la gabelle ou l'impôt sur le *sel*, au sujet duquel le roi d'Angleterre, exclus de la couronne de France à cause de la loi Salique, disoit plaisamment que « Philippe étoit l'auteur de la loi *salique*. »

Comment finit Philippe de Valois, l'an 1350 ? Il mourut à Nogent-le-Rotrou, près de Chartres, âgé de cinquante-sept ans, après en avoir régné vingt-deux. (15 jetons.)

5o.

JEAN LE BON.

Jean est pris à Poitiers, et libre à Brétigni.

Que fit d'abord Jean, dit le Bon, fils de Philippe de Valois et son successeur, l'an 1350 ? Il rétablit l'ordre de l'*Étoile*, dans la vue de faire revenir à sa cour les seigneurs qui s'en étoient éloignés, et dont il vouloit tâcher de regagner l'amitié.

Pourquoi Jean le Bon fit-il couper la tête à Raoul, comte d'Eu, connétable ? Parce que ce seigneur étoit accusé d'intelligence avec l'Angleterre, où il avoit été prisonnier pendant quatre ans.

Quelle fut l'issue de la guerre qu'Édouard III fit à la France, l'an 1355 ? Édouard III fit d'abord de grands efforts pour venger l'injuste détention de Charles le Mauvais, roi de Navarre, son allié ; mais, ne voulant pas ensuite accepter le combat singulier que lui avoit proposé Jean le Bon, il repassa en Angleterre.

Que fit Édouard III pour réparer la honte de sa retraite dans l'année précédente ? Il envoya en France son fils Édouard, prince de Galles, connu sous le nom de *Prince noir*, qui, à la tête d'une armée de douze mille hommes, ravagea le Limosin, l'Auvergne ; et, dans la fameuse *bataille de Poitiers*, parvint à faire prisonniers le roi Jean et son fils Philippe, qui étoient à la tête de quarante mille hommes.

Quelle contenance prit le roi Jean, devenu prisonnier du Prince noir ? Sans paroître abattu dans son malheur : « Je comptois , dit-il , vous donner à souper aujourd'hui ; mais la Fortune en dispose autrement , et veut que je soupe chez vous. »

Que se passoit-il en France pendant que Jean le Bon étoit captif en Angleterre , et que le dauphin son fils étoit régent du royaume en France ? Marcel , prévôt des marchands , ministre secret de la haine que le roi de Navarre Charles le Mauvais nourrissoit contre la famille royale et contre les grands , se mit à la tête d'une faction de paysans , appelée *la Jacquerie* , qui massacra , en présence et dans la chambre même du dauphin , plusieurs seigneurs et un grand nombre de gentilshommes.

A quelle occasion le roi Jean sortit-il de sa prison de Londres ? A la paix conclue à Brétigni , près de Chartres , en 1360 , dans laquelle il fut stipulé que le roi payeroit à Édouard III la somme de trois millions d'écus d'or , et lui céderoit le Poitou , la Saintonge , l'Agénois , le Périgord , le Limosin , le Quercy , l'Angoumois et le Rouergue.

Que fit Jean le Bon , se trouvant dans l'impossibilité de continuer le paiement de sa rançon l'an 1364 ? Il retourna se mettre en otage à Londres , où il mourut en très peu de temps, âgé de cinquante-quatre ans, après en avoir régné quatorze.

Quelles furent les principales qualités de Jean le Bon? La bravoure, la générosité, la franchise, qui lui faisoit dire souvent que « si la foi et la vérité étoient bannies du reste du monde, elles devroient toujours se trouver dans la bouche des rois. »

Combien d'enfants Jean le Bon laissa-t-il en mourant? Il en laissa quatre, savoir: le dauphin *Charles*, qui lui succéda, *Louis*, chef de la seconde maison des princes d'Anjou, roi de Naples; *Jean*, duc de Berry; *Philippe*, duc de Bourgogne, qui épousa l'héritière de Flandre. (10 jetons.)

51.

CHARLES V LE SAGE.

Le sage Charles cinq voit l'état refleurir.

Quel titre eut Charles le Sage, fils de Jean le Bon et son successeur, l'an 1364? C'est le premier enfant de France qui, avant de monter sur le trône, eut le titre de *dauphin*, et qui, à peine parvenu à la couronne mérita le nom de *sage*.

*Quel guerrier distingué aida Charles le Sage à relever la France de l'état d'épuise-

ment où Jean le Bon l'avoit laissée? Bertrand du Guesclin, gentilhomme breton, qui défit les Anglois dans le Maine et dans l'Anjou, leur enleva tous les états que Jean le Bon avoit été obligé de leur céder, et ne leur laissa en France que Bordeaux, Calais, Cherbourg et Bayonne.

Par quels exploits du Guesclin s'étoit-il déjà signalé en Espagne avant de faire la loi aux Anglois? Il avoit chassé du royaume de Castille Pierre le Cruel, devenu odieux à ses sujets; et il avoit mis en sa place Henri de Transtamare, frère de ce roi.

Comment finit le connétable du Guesclin? Il mourut de maladie, à l'âge de soixante-six ans, au siège de Châteauneuf-de-Randon, en recommandant à ses officiers de ne jamais traiter en ennemis les laboureurs, les femmes, les enfants et les vieillards.

Quel mérite particulier reconnoît-on dans Charles le Sage? C'est le seul prince qui, sans avoir jamais paru à la tête de ses armées, força ses ennemis à le regarder comme un grand capitaine, et qui, par la seule force de son génie, établit un grand ordre dans ses finances, sans que cela lui empêchât de laisser plusieurs monuments célèbres, tels que le palais de Saint-Germain-en-Laye et la Bastille.

Avec quel zèle éclairé Charles le Sage sur-veilloit-il l'éducation morale du jeune prince Charles, son fils aîné? Apprenant qu'un jeune seigneur de la cour avoit tenu des propos trop libres devant le jeune prince, il le chassa sur-le-champ, en disant qu'il faut inspirer aux enfants des princes l'amour de la vertu, afin qu'ils surpassent en bonnes œuvres ceux qu'ils doivent surpasser en dignité.

Comment finit Charles le Sage, l'an 1380? On dit qu'il mourut d'un poison que lui avoit donné plusieurs années auparavant Charles le Mauvais, roi de Navarre, son cousin, et le plus dangereux de ses ennemis. (7 jetons.)

52.

CHARLES VI L'IMBÉCILLE.

Charles six insensé le voit presque périr.

Quels troubles s'élevèrent en France pen-dant la minorité de Charles VI, fils et suc-cesseur de Charles V, l'an 1380? Les trois oncles de ce roi, le duc d'Anjou, celui de Berry et celui de Bretagne, qui étoient par leur nais-sance les tuteurs de l'État, en devinrent les tyrans, et y causèrent de si grands désordres que la France fut enfin forcée à se soulever.

Quel nom eurent les rebelles à Paris pen-

dant la minorité de Charles VI ? Ils furent nommés les *Maillotins*, parce qu'ils avoient fait usage de maillets de fer pour tomber sur les financiers, auxquels ils attribuoient en partie leurs malheurs.

Que faisoit Charles VI, âgé de quatorze ans, pendant la révolte de Paris, l'an 1382 ? Né avec des dispositions guerrières, il étoit occupé à combattre les Flamands révoltés contre leur comte, et remportoit sur eux la victoire de Rosbec, où, dit-on, la France perdit l'oriflamme de Saint-Denys.

Quel grand malheur arriva au jeune Charles VI lorsqu'il portoit ses armes contre Jean de Montfort, duc de Bretagne, pour venger l'assassinat du connétable Olivier de Clisson ? Il fut frappé d'un coup de soleil qui lui tourna la tête, et le rendit furieux ; mais les uns attribuent cette démence à une potion préparée par la reine ; d'autres, à la frayeur que lui causa un prétendu fantôme noir sorti tout-à-coup d'un buisson.

Que fit, pendant la démence de Charles VI, le duc de Nevers et de Bourgogne, Jean-Sans-Peur ? Étant venu à la cour pour y exciter des troubles et s'emparer du gouvernement, il réussit seulement à faire assassiner le duc d'Orléans, frère du roi.

Quelles suites funestes eut pour l'Etat l'as-sassinat du duc d'Orléans , l'an 1415 ? Les Anglois, mettant à profit nos divisions, ga-gnèrent en Artois la fameuse bataille d'Azin-court, qui couvrit la France de deuil , surtout pour la perte de sept princes françois , et qui rendit les Anglois maîtres de la Normandie et du Maine.

Dans quel état se trouva le royaume après la bataille d'Azincourt ? Les François , di-visés sous le nom d'*Orléanois* ou des *Arma-gnacs,* qui vouloient venger l'assassinat du duc d'Orléans , et sous celui de *Bourguignons,* qui soutenoient les intérêts de Jean-Sans-Peur, s'immoloient à l'envi aux fureurs de l'une et de l'autre faction.

Quel moyen prit Philippe le Long , fils de Jean-Sans-Peur , pour venger la mort de son père, assassiné sous les yeux du dauphin Charles , l'an 1419 ? De concert avec Isabelle de Bavière, femme de Charles VI , et mère dé-naturée du dauphin Charles , il fit déclarer ré-gent et héritier du royaume le roi d'Angleterre Henri V, époux de Catherine , dernière fille de France.

Où étoit le dauphin Charles lorsque le roi d'Angleterre Henri V, maître de Paris, gouvernoit l'Etat sans contradiction ? Retiré

daus l'Anjou, il faisoit tous ses efforts pour défendre le trône de son père, et pour chasser de
France la maison de Lancastre ; mais il n'y parvint qu'à la mort de Henri V , l'an 1422.

Combien de temps le malheureux Charles
VI survécut-il à Henri V ? Il mourut la
même année , après être tombé dans la plus
sombre imbécillité , et ne laissant d'autre enfant que le dauphin Charles. (10 jetons.)

XIe SIÈCLE DE LA MONARCHIE.

DEPUIS L'AN 1400 JUSQU'A L'AN 1500.

Case 28 du Tableau.

53.

CHARLES VII LE VICTORIEUX.

Chassé par la Pucelle au siège d'Orléans,
A Charles sept l'Anglois cède en quatorze cents.

Quel nom a-t-on donné à Charles VII ,
fils de Charles VI et son successeur, l'an
1422 ? On l'appela le Victorieux, parce qu'il
reconquit par lui-même ou par le moyen de ses
généraux la plus grande partie de son royaume,
dont les Anglois s'étoient rendus maîtres.

Par qui étoit conduite l'armée angloise que le roi Charles VII eut à combatre ? Par le roi Henri VI, qui, de même que son père Henri V, étant dans les bonnes graces d'Isabelle de Bavière, mère de Charles VII, étoit parvenu à se faire proclamer roi de France.

De quel côté furent d'abord les avantages de la guerre entre Charles VII et Henri VI ? Du côté des Anglois, qui vainqueurs dans plusieurs batailles, ne donnoient d'autres titres à Charles VII que celui de *roi de Bourges*, ville où il s'étoit retiré.

Quelle réponse respectueuse, mais piquante, fit La Hire à Charles VII ? Un jour que le roi, déjà battu par les Anglois, s'occupoit d'une fête, et demandoit à La Hire ce qu'il pensoit de ces divertissements : « Je pense, lui répondit ce courtisan, qu'on ne sauroit perdre son royaume plus gaîment »

Où le roi, Charles VII commença-t-il à se venger des Anglois, l'an 1422 ? A la bataille de Gravelle, qui fut suivie par celle de Montargis, livrée quatre ans après.

Qui fit lever le siège de la ville d'Orléans, prête à se rendre aux Anglois, quoique défendue par le brave Dunois, l'an 1429 ? Une jeune paysanne de Lorraine, nommée Jeanne d'Arc, communément la *Pucelle d'Orléans*, qui, pleine de vertu, et de valeur , à l'âge de vingt ans força les Anglois à fuir devant elle ; et s'étant rendue ensuite à Reims, y fit sacrer en sa présence le roi Charles.

Comment finit la malheureuse Jeanne d'Arc, l'an 1431 ? Cette héroïne, continuant de poursuivre les Anglois, fut faite prisonnière au siège de Compiègne ; et conduite à Rouen, y fut brûlée comme sorcière, au milieu du cimetière de Saint-Ouen.

Que fit Henri VI, roi d'Angleterre, pour animer son parti en France, l'an 1431 ? Il quitta Londres, et vint se faire sacrer à Paris, d'où il fut chassé, six ans après, par les François, qui, ayant le roi Charles VII à leur tête, firent une entrée solennelle dans cette capitale.

De quelle manière adroite Agnès Sorel, maîtresse de Charles VII, réveilla-t-elle le courage de ce monarque trop livré aux plaisirs ? « Un astrologue m'a assuré, dit-elle, que je serois aimée du plus grand roi du monde; mais cette prédiction ne vous regarde point, sire; puisque vous négligez d'arracher à vos ennemis un état qu'ils vous ont usurpé : je vais donc accomplir ma prédiction en passant à la cour du roi d'Angleterre. »

Quels avantages remporta sur les Anglois le roi Charles VII, dont la valeur avoit été excitée par les reproches d'Agnès Sorel, l'an 1450 ? Il leur enleva d'abord la Normandie et la Guyenne ; et, l'année suivante, étant secondé par ses généraux les comtes de Dunois, de Penthièvre, de Foix et d'Armagnac, reprit toutes les conquêtes des Anglois, et il ne leur laissa que Calais.

Comment finit Charles VII, l'an 1461? Agé de cinquante-huit ans, il se laissa mourir de faim, dans la crainte d'être empoisonné par les agents du dauphin son fils, qui, retiré chez le duc de Bourgogne, se plaignoit hautement de ce que son père se laissoit conduire par sa maîtresse Agnès Sorel, et par des courtisans.

Qu'a-t-on observé au sujet de Charles VII ? Qu'il avoit été malheureux par son père Charles VI, dont il avoit été deshérité, et par son propre fils, le dauphin Louis XI, dont il avoit éprouvé la révolte. (12 jetons.)

54.

LOUIS XI.

Louis onze intrigant prend Bourgogne et Provence.

Quel fut le caractère de Louis XI, fils de Charles VII et son successeur, l'an 1461? On a regardé ce roi comme le plus cruel et le plus méchant homme de son siècle, et on lui attribue la mort de plus de quatre mille citoyens, par des supplices nouveaux.

Quel nom donna-t-on à la ligue formée par différents princes françois contre Louis XI? Cette ligue, où entrèrent Charles, duc de Berry, frère du roi, le comte de Charollois, le duc de Bretagne, le comte de Dunois, et plusieurs autres seigneurs, eut le nom de *Ligue du bien public,* parce qu'elle avoit en vue la réformation de l'État et le soulagement des peuples.

Comment Louis XI parvint-il à désunir la ligue du bien public? Après le combat de Montlhéri, où les confédérés restèrent maîtres du champ de bataille, Louis fit semblant de s'adoucir, et donna à chacun d'eux, par le traité de Conflans, tout ce qu'ils avoient demandé, savoir : la Normandie à son frère, plusieurs places de Picardie au comte de Charollois, le comté d'Étampes au duc de Bretagne, et l'épée de connétable au comte de Saint-Pol.

Avec quelle fidélité Louis XI mit-il en exécution le traité de Conflans? Comme, par ce traité, il avoit tout accordé aux confédérés, dans l'espérance de tout ravoir par ses intrigues, il trouva bientôt le prétexte d'enlever la Normandie à son frère, et une partie du duché de Bretagne aux ducs de ce nom.

Que fit Louis XI, au moment où il aper-çut que l'inexécution du traité de Conflans alloit rallumer une guerre civile? Il vouloit l'éteindre par la ruse; et il demanda à Charles-le-Téméraire, duc de Bourgogne, une con-férence à Péronne, dans le même temps qu'il excitoit les Liégeois à la perfidie, et à prendre les armes contre leur prince.

Que fit Charles-le-Téméraire, instruit des manœuvres de Louis XI? Ayant accordé la conférence à Louis XI, il le retint prison-nier dans le château de Péronne, le força à conclure un traité fort désavantageux, et à marcher à sa suite contre ces Liégeois mêmes que Louis XI avoit armés contre lui.

Quelle ligue se forma contre Louis XI, l'an 1475? la ligue offensive et défensive projetée par le duc de Bourgogne, auquel s'é-toient joints le duc de Bretagne, et Édouard IV, roi d'Angleterre, débarqué en France avec des troupes considérables.

Quel traité firent ensemble, l'an 1477, Édouard IV et Louis XI, plus disposé à négocier qu'à combattre? Le traité d'Amiens, confirmé à Pecquigny, où ils arrêtèrent entre eux une trêve de sept ans, et le mariage du dauphin avec la fille du monarque anglois;

Louis s'engagea en outre de payer, annuelle-
ment jusqu'à la mort de son ennemi, une somme
de cinquante mille écus d'or.

*Comment la Bourgogne revint-elle sous
la domination de Louis XI, l'an 1476?*
Par la mort du duc de Bourgogne, Charles-le-
Téméraire, qui, n'ayant pas laissé de successeurs, donna le droit à Louis XI de reprendre
ce duché, ainsi que plusieurs autres pays, anciens domaines de la France.

*Par quel moyen la Provence fut-elle réu-
nie à la couronne, sous le règne de Louis XI,
vers l'an 1476?* Parce que Charles IV d'Anjou, comte du Maine, dernier de la branche
des comtes de Provence, avoit institué
Louis XI héritier de tous ses droits sur ce
comté.

*Avec quel raffinement de cruauté Louis XI
fit-il exécuter Jacques d'Armagnac, duc de
Nemours, l'an 1477?* Il ordonna que les enfants de ce prince malheureux, accusé du
crime de lèse-majesté, fussent placés sous l'é-
chafaud, pour y recevoir sur eux le sang de
leur père.

*Comment le caractère soupçonneux de
Louis XI fut-il l'origine d'un établissement
utile à la France, l'an 1464?* Ce roi, par

l'avidité d'apprendre ce qui se passoit dans ses États, établit la poste aux lettres, servie par deux cents trente courriers qui portoient les ordres du monarque, et les lettres des particuliers dans tous les coins du royaume.

Jusqu'à quel point Louis XI, avec son caractère féroce, poussa-t-il la superstition ? Toujours couvert de reliques et d'images, portant à son bonnet une Notre-Dame de plomb, il lui demandoit pardon de ses assassinats, et en commettoit toujours de nouveaux.

Quelle fut la fin de Louis XI, l'an 1483 ? Regardé comme le Tibère de la France, saisi d'une noire mélancolie, et redoutant sa dernière heure, il s'entoura de médecins, et fit venir de Calabre saint François de Paule, pour lui prolonger la vie par ses prières ; mais ce saint ne fit que lui annoncer sa mort. (14 jet.)

55.

CHARLES VIII L'AFFABLE.

Charles huitième en vain soumet Naple à la France.

Par quel moyen Charles VIII, fils de Louis XI et son successeur, l'an 1483, devint-il maître de la Bretagne, l'an 1491 ? Par son mariage avec Anne de Bretagne, en dépit de Maximilien, depuis empereur, qui, ayant fait élever en France sa fille Marguerite, l'avoit fiancée avec Charles.

Comment l'empereur Maximilien, père de Marguerite d'Autriche, vengea-t-il l'affront que Charles VIII lui avoit fait en refusant la main de sa fille ? Il lui déclara une guerre que la France ne put terminer qu'en cédant à l'empereur le comté d'Artois.

Quel succès eut Charles VIII en Italie, dans la guerre de Naples ? Il conquit ce royaume avec une rapidité extraordinaire, l'an 1495 ; mais il perdit en moins de six mois tout le fruit de cette éclatante expédition.

Pourquoi Charles VIII abandonna-t-il la conquête du royaume de Naples ? Parce que le pape Clément VI, les Vénitiens, Sforce duc de Milan, Ferdinand d'Aragon, Isabelle de Castille, jaloux de ses succès rapides en Italie, se liguèrent contre lui pour le forcer à en sortir.

Quel fameux combat eut à soutenir Charles VIII en quittant l'Italie ? Celui de Fornoue, village près de Plaisance, où l'armée des confédérés, forte d'environ quarante mille hommes, fut battue par celle de Charles, qui n'en contenoit que huit mille, et qui ne perdit en tout que quatre-vingts hommes.

Comment finit Charles VIII après son retour en France, l'an 1498? pendant qu'il songeoit à y faire fleurir les arts et la paix, il mourut d'apoplexie, au château d'Amboise, à vingt-sept ans, sans laisser d'enfants pour lui succéder. (6 jetons.)

56.

LOUIS XII LE PÈRE DU PEUPLE.

Louis douze retint la Bretagne après lui,
Fit la guerre à Milan, fut du peuple chéri.

Par quels droits Louis XII, surnommé le Juste, *et* le Père du Peuple, *parvint-il au trône, après la mort de Charles VIII, l'an* 1498? En sa qualité de premier prince du sang, étant fils de Charles, duc d'Orléans, et cousin germain de Louis XI.

Comment, sous Louis XII, la Bretagne fut-elle tout-à-fait acquise à la France? Par le mariage de ce roi avec Anne de Bretagne, veuve de Charles VIII, son prédécesseur.

Combien de guerres Louis XII eut-il à soutenir en Italie? Trois principales : la première à Milan, pour faire valoir ses droits sur ce duché ; la seconde à Naples, pour partager cet état avec Ferdinand le Catholique ; la troisième dans les États de Venise, pour punir cette république qui étoit entrée dans la ligue de Cambrai.

Quel succès eut Louis XII dans ces trois guerres en Italie ? 1° Il enleva le Milanais à Louis Sforce, mort prisonnier en France; mais il le perdit dans la suite; 2° Il conquit Naples de concert avec Ferdinand le Catholique; mais il fut obligé de le lui céder. 3° Il défit les Vénitiens à Aignadel; mais la jalousie de l'empereur et celle du pape Jules II le forcèrent à suspendre les hostilités contre la république de Venise.

Que fit Louis XII, lorsqu'il apprit que le pape Jules II l'avoit excommunié ? Il fit continuer la guerre par Gaston de Foix, son neveu, qui gagna la fameuse bataille de Ravenne, où il fut tué, pendant que l'illustre Bayard, surnommé le *Chevalier sans peur et sans reproche*, s'y distinguoit par sa valeur.

Pourquoi Louis XII fit-il retirer ses troupes d'Italie ? Parce qu'il se voyoit obligé de résister en même temps à l'empereur Maximilien 1er, à Henri VIII, roi d'Angleterre, à Ferdinand, roi d'Espagne, et aux Suisses, tous soulevés contre lui par les intrigues de Jules II.

Quels nouveaux projets forma Louis XII après s'être arrangé avec l'Allemagne, l'An-

gleterre, *l'Espagne et la Suisse ?* Il pensoit de recommencer la guerre en Italie ; mais, au grand regret de ses sujets, il fut surpris par la mort en 1515 ; le premier jour de janvier.

Qu'est-ce qui mérita à Louis XII le glorieux surnom de Père du peuple *?* Ce furent le zèle qu'il témoigna pour soulager ses sujets, et la clémence avec laquelle il sut oublier les injures dont il avoit été victime quand il n'étoit que duc d'Orléans, en disant : « Ce n'est point au roi de France à venger les querelles du duc d'Orléans. »

Que disoit Louis XII pour justifier son économie ? « J'aime mieux voir les courtisans rire de mon avarice que de voir mon peuple pleurer de mes dépenses. » (9 jetons.)

XIIe SIÈCLE DE LA MONARCHIE.

DEPUIS L'AN 1500 JUSQU'A L'AN 1600.

Case 29 du Tableau.

57.

FRANÇOIS Ier LE PÈRE DES LETTRES.

Vainqueur à Marignan, prisonnier à Pavie,
En quinze cents François aux lettres rend la vie.

De quel droit François Ier, gendre de

Louis XII, parvint-il au trône, l'an 1515 ?
En sa qualité de premier prince du sang, étant
fils de Charles d'Orléans, comte d'Agoulême.

Quel premier exploit guerrier fit Fran-
çois Ier ? S'étant mis à la tête d'une puissante
armée pour aller se rendre maître du duché de
Milan, il gagna contre les Suisses la fameuse
bataille de Marignan, appelée aussi la bataille
des *Géants*, à cause de la grande bravoure
qu'on montra des deux côtés, pendant deux
jours, sans discontinuer.

Quelle cérémonie eut lieu dans le camp de
Marignan, après la bataille ? Le roi, qui
dans tout le combat avoit eu à ses côtés le
fameux Bayard, voulut être armé chevalier de
la main de ce héros, suivant l'usage de l'ancienne chevalerie.

Quel traité firent ensemble François Ier
et le pape Léon X ? Ils signèrent un Concor-
dat par lequel le roi obtint la nomination des
bénéfices, et le pape s'en réserva les annates,
c'est-à-dire le revenu de la première année.

Quel fut le motif de la guerre qui eut lieu
entre François Ier et Charles-Quint, roi
d'Espagne, l'an 1521 ? Après la mort de
l'empereur Maximilien Ier, grand-père de
Charles-Quint, François fit briguer la couronne de l'empire ; mais, malgré ses intri-

gues et son argent, le jeune Charles, moins craint des électeurs, l'emporta sur lui.

Que dit Bayard au connétable de Bourbon, qui, l'ayant trouvé près d'expirer sous un arbre, plaignoit son sort? « Ce n'est pas moi qu'il faut plaindre, mais vous, qui portez les armes contre votre roi, votre patrie et votre serment ».

Quel succès eut la guerre de François Ier contre Charles-Quint, dans le Milanais, l'an 1525? Le roi, trop foible pour résister à un ennemi plus fort que lui, perdit la fameuse bataille de Pavie, où, après avoir eu deux chevaux tués sous lui, il fut forcé de se rendre prisonnier avec les principaux seigneurs françois.

Comment se conduisit François Ier après qu'on l'eut transporté de Pavie à Madrid? Son courage, qui ne l'avoit pas abandonné dans les premiers moments de son malheur, où il écrivit à sa mère : « Tout est perdu, hormis l'honneur , » le soutint encore dans sa captivité, et lui fit endurer les mauvais traitements dont Charles-Quint eut la bassesse de se rendre coupable.

Comment François Ier au bout d'un an, recouvra-t-il sa liberté , l'an 1526? Par un traité onéreux, signé à Madrid, dans lequel il renonçoit à ses prétentions sur Naples, le Milanais, Gênes et Ast, à sa souveraineté sur la Flandre et l'Artois, sans pouvoir obtenir la liberté de ses deux fils, qu'il fut obligé de laisser en otage, et qu'il racheta ensuite, moyennant deux millions d'or.

Par quel traité la paix entre François Ier et Charles-Quint fut elle conclue, l'an 1529? Par le traité de Cambrai, d'après lequel François Ier renonça à toutes ses prétentions sur la Lombardie, en épousant Éléonore, veuve du roi de Portugal et sœur de l'empereur Charles-Quint.

Combien de temps dura la paix que François Ier avoit faite à Cambrai avec Charles-Quint? Elle dura six ans, et fut suivie d'une guerre de trois ans, terminée par une entrevue qu'eurent ensemble les deux souverains à Nice, où ils conclurent une trêve de dix ans l'année 1538.

Comment se conduisit Charles - Quint avant que la trêve qu'il avoit faite à Nice avec François Ier ne fût expirée? Profitant de cette trêve, il traversa la France pour aller châtier les Gantois révoltés, et promit à François Ier l'investiture du Milanais pour un de ses enfants: mais dès qu'il fut chez lui, il refusa ce qu'il avoit promis, et se ligua avec Henri VIII contre la France.   9.

Quel fut le succès de la guerre entre Charles-Quint ligué avec Henri VIII, et François Ier ligué avec Gustave Wasa et Barberousse, l'an 1544 ? Charles-Quint étoit déja à Soissons et Henri VIII à Boulogne, lorsque les princes d'Allemagne qui avoient embrassé le luthéranisme, déclarèrent la guerre à Charles-Quint, qui obligé de marcher contre eux n'hésita pas de faire à Crépy, une paix assez favorable à la France.

Comment finit François Ier, âgé de cinquante trois ans ? Il mourut à Rambouillet, trois ans après la paix de Crépy, et environ treize ans depuis l'époque où Calvin avoit commencé à répandre ses erreurs en France.

Que dit plaisamment François Ier en envoyant en Amérique, pour y faire des découvertes, Jacques Cartier, habile navigateur de Saint-Malo, qui réussit à découvrir le Canada ? « Quoi ! les rois d'Espagne et de Portugal partagent tranquillement entre eux le Nouveau-Monde, sans m'en faire part ! Je voudrois bien voir l'article du testament d'Adam qui leur lègue l'Amérique. »

Par quelles qualités François Ier s'est-il particulièrement distingué ? Par son amour pour les lettres, par la protection qu'il accorda aux savants, par les bienfaits dont il les combla, et par la fondation qu'il fit du collége de France et de la Bibliothèque royale (16 jetons.)

58.

HENRI II.

Henri second à Metz voit briller ses exploits ;
A Saint-Quentin vaincu, finit dans les tournois.

Que fit Henri II, fils de François Ier et son successeur, l'an 1547 ? A peine monté sur le trône, il permit en sa présence le duel en champ clos entre François de Vivonne, seigneur de la Châteigneraye, et Guy de Chabot, seigneur de Jarnac, qui en sortit vainqueur.

Pourquoi le duel entre Jarnac et Vivonne mérite-t-il particulièrement d'être rappelé ? C'est qu'il a donné lieu à l'expression proverbiale de *coup de Jarnac*, pour signifier une ruse, un retour imprévu de la part d'un ennemi.

En quoi la quatrième année du règne de Henri II est-elle remarquable ? Par la ligue que firent entre eux Henri II, Maurice, électeur de Saxe, et Albert, marquis de Brandebourg, pour défendre la liberté germanique contre l'empereur Charles-Quint.

Quels exploits fit Henri II dans la ligue

germanique, *l'an* 1552 ? Il marcha contre les troupes de Charles-Quint, et prit Toul, Metz, Verdun, qui depuis lors sont restés à la France pour prix de la liberté qu'elle avoit assurée à l'Allemagne.

Quels succès eurent les François lorsque Charles - Quint reparut devant Metz avec une armée de cent mille hommes ? Le duc de Guise, secondé par toute la haute noblesse de France, défendit si vaillamment cette ville que l'empereur fut obligé de se retirer.

Quelle nouvelle guerre eut à soutenir Henri II après que Charles-Quint eut abdiqué l'empire, l'an 1557 ? Philippe II, fils de Charles - Quint, uni avec l'Angleterre, marcha en Picardie avec quarante mille hommes, commandés par le plus fameux guerrier de ce temps, Emmanuel Philibert, duc de Savoie, et gagna la fameuse bataille de *Saint-Quentin*, où l'infanterie françoise fut entièrement détruite.

Comment les François vengèrent - ils, l'année suivante, la terrible défaite qu'ils avoient essuyée à Saint-Quentin ? Le duc de Guise, rappelé d'Italie, assembla une armée, et rassura le royaume, surtout par la prise de Calais, dont les Anglois étoient en possession depuis plus de deux cents ans.

Quelles furent les principales conditions de la paix appelée malheureuse, *entre la France, l'Angleterre et la Savoie, l'an* 1559 ? Tout fut rendu de part et d'autre, soit en Italie, soit en France ; excepté les trois villes de Metz, Toul et Verdun, que l'Empire avoit toujours la liberté de redemander à la France, et Calais, que l'Angleterre ne lui céda que pour huit ans.

Quels mariages furent conclus par le traité de la malheureuse Paix ? Le mariage d'Elisabeth, fille de Henri II, avec Philippe II, roi d'Espagne, et celui de sa sœur Marguerite avec le duc de Savoie.

Comment les fêtes que Henri II donna à l'occasion du mariage de Marguerite sa sœur furent-elles funestes à la France, l'an 1559 ? Henri, à l'occasion d'un tournoi qu'il avoit ordonné dans la rue Saint-Antoine, fut blessé à mort en joutant contre Gabriel, comte de Montgommery, capitaine de la garde écossoise.

Combien d'enfants laissa Henri II, mort dans la quarante-unième année de son âge, et la treizième de son règne ? Il laissa de sa femme Catherine de Médicis quatre fils, tous morts sans postérité ; savoir : François II, Charles XI et Henri III, qui lui succédèrent l'un après l'autre ; et François, duc d'Alençon, qui fut créé ensuite duc de Brabant, et donna en mariage sa fille Marguerite à Henri IV.

Qu'a-t-on reproché particulièrement à Henri II ? Son indolence pour les affaires, et sa passion pour Diane de Poitiers, qu'il fit duchesse de Valentinois, et qui devint le premier mobile de tout ce qui se passoit dans le gouvernement. (12 jetons.)

59.

FRANÇOIS II.

Les Protestants ligués menacent François deux.

Quel mariage contracta François II, fils de Catherine de Médicis et de Henri II, auquel il succéda l'an 1559 ? Ce prince, âgé de seize ans, avant de monter sur le trône, épousa Marie Stuart, fille unique de Jacques Ier, roi d'Ecosse.

A qui François II, dès qu'il commença à régner, confia-t-il le gouvernement de l'Etat ? A François, duc de Guise, et au cardinal de Lorraine, oncles de sa femme, qui se servirent de leur pouvoir plus pour satisfaire leur ambition que pour rendre la France heureuse.

Quels troubles occasionna l'administration du duc de Guise et de son frère, le cardinal de Lorraine ? Antoine de Bourbon, roi de Navarre, et Louis son frère, prince de Condé, fâchés que deux étrangers tinssent le roi en tutelle, résolurent de secouer le joug ; et, d'intelligence avec les principaux seigneurs, tels que les Montmorency, les Châtillon, ils se joignirent aux Calvinistes, disposés à détruire les Guises, qui étoient les protecteurs déclarés des Catholiques.

Quel fut le résultat de la conspiration d'Amboise, conduite particulièrement par le prince de Condé contre les Guises, l'an 1560 ? Etant découverte à temps, elle ne fit qu'augmenter le pouvoir des Guises, qui firent défendre aux Calvinistes de tenir désormais des assemblées, et créèrent dans chaque parlement une chambre appelée *ardente*, destinée à connoître de la conduite ainsi que de l'opinion des Calvinistes.

Quel fut le sort du prince de Condé après l'établissement de la chambre ardente ? Il fut arrêté et condamné à perdre la vie ; mais, au moment où il alloit être livré entre les mains du bourreau, François II, malade depuis long-temps, et d'une constitution naturellement foible, mourut d'une aposthême à l'oreille, après avoir régné dix-sept mois. (5 jetons.)

60.

CHARLES IX.

Charles neuf les poursuit, en fait un meurtre affreux.

Qui étoit Charles IX, monté sur le trône à l'âge de dix ans et demi, en 1560 ? Il étoit fils de Henri II et de Catherine de Médicis, et frère de François II, auquel il succéda.

Quelle démarche fit Catherine de Médicis, au commencement de sa régence, pour concilier les Catholiques avec les Protestants ? Elle convoqua le *colloque de Poissy*, qui n'eut que des conséquences funestes, parce que les Catholiques, se croyant lésés, eurent recours aux armes.

Quels excès commirent les Calvinistes après qu'ils eurent obtenu le libre exercice de leur religion ? Ils massacrèrent à Vassi en Champagne les gens du duc de Guise, et, prenant ensuite Orléans, Tours, Rouen et plusieurs villes, ils y commirent de très grandes cruautés.

Quelles furent les quatre batailles principales que les Catholiques livrèrent aux Cal-

vinistes *révoltés*, sous *Charles IX* ? 1° Celle de *Dreux*, l'an 1562, gagnée par le duc de Guise, quoiqu'il ne commandât qu'en second, et où le prince de Condé et le connétable Anne de Montmorency furent faits prisonniers ; 2° celle de *Saint-Denys*, l'an 1567, gagnée par le connétable de Montmorency, âgé d'environ quatre-vingts ans, qui y fut blessé à mort ; 3° celle de *Jarnac*, l'an 1569, gagnée par Henri, duc d'Anjou, frère du roi, où le prince de Condé fut tué par Montesquiou, capitaine des gardes du duc d'Anjou ; 4° celle de *Montcontour*, gagnée cinq mois après par le même Henri sur l'amiral de Coligny.

Comment finit la guerre sanglante des Catholiques contre les Protestants ? Charles IX, par une paix simulée, accorda sa sœur Marguerite de Valois en mariage au jeune Henri de Bourbon, roi de Navarre, depuis Henri IV, qui avoit embrassé les principes des Protestants.

Comment les fêtes qu'on fit pour le mariage de Henri de Navarre et de Marguerite de Valois furent-elles le signal d'un complot affreux exécuté le dimanche 24 août 1572, jour de la Saint-Barthélemi ? Dans cette nuit malheureuse, le duc de Guise fit forcer en même temps toutes les maisons des Protestants du royaume, sans épargner celle du fameux amiral de Coligny, et donna ordre de les massacrer tous sans distinction, hommes, femmes, vieillards et enfants.

Combien de Protestants furent victimes de la fureur des Catholiques, la nuit de la Saint-Barthélemi ? On en porte le nombre à cinq mille dans Paris, et à environ trente mille dans les provinces.

Quel effet produisit sur les Protestants le massacre de la Saint-Barthélemi ? Ne respirant plus que la vengeance, et animés par la fureur du fanatisme, ils se fortifièrent dans Montauban, et surtout à La Rochelle, dont le siège coûta dans la suite beaucoup de sang à la France.

Comment Charles IX mourut-il, l'an 1574 ? Rongé de remords, et se repentant souvent d'avoir laissé un pouvoir trop étendu dans les mains d'hommes violents et féroces, il ne survécut que deux ans à l'horrible catastrophe de la Saint-Barthélemi.

Qu'a-t-on observé au sujet du règne de Charles IX ? Que ce fut sous ce règne sanguinaire qu'eurent naissance nos lois les plus sages et nos ordonnances les plus salutaires, par les

soins de l'immortel chancelier Michel de l'Hôpital. (10 jetons.)

61.

HENRI III.

Henri trois, de Pologne en France retourné,
Fit la guerre aux Ligueurs, et fut assassiné.

*Où étoit Henri III lorsqu'il fut appelé
au trône de France par la mort de Charles
IX son frère, décédé sans enfants l'an 1574 ?*
Il étoit en Pologne, où la réputation qu'il s'é-
toit acquise dès l'âge de dix-huit ans par les
victoires de Jarnac et de Montcontour avoit
décidé les Polonois à le nommer leur roi après
la mort de Sigismond Auguste, l'an 1573.

*Que fit d'abord Henri III à son avène-
ment à la couronne de France ?* Il combattit
avec succès à Dormans une partie des Huguenots ; mais ces rebelles, étant devenus plus
puissants dans la suite, l'obligèrent de consentir
à la paix de Nérac, et de leur accorder l'exercice public de leur religion.

*Quel effet produisit l'édit de pacification
publié par Henri III en faveur des Calvinistes, l'an 1580 ?* Cet édit révolta les Catholiques, qui, craignant par leur zèle peu éclairé,

que le Calvinisme ne devînt la religion dominante en France, donnèrent lieu à la formation de trois partis, et à la guerre appelée *des trois Henri.*

Quels furent les trois partis dont trois Henri étoient les chefs ? Le parti des *Ligueurs*, conduit par Henri, duc de Guise ; celui des *Huguenots*, conduit par Henri, roi de Navarre, depuis Henri IV, héritier de la couronne de France par la mort de François, duc d'Alençon ; et le parti du roi *Henri III*, qu'on appela le parti des Politiques ou des Royalistes.

Que fit Henri III, intimidé par les succès de la Ligue, appelée Sainte-Ligue, *dont le pape et le roi d'Espagne étoient devenus l'appui, l'an* 1585 ? Il se mit lui-même à la tête de la *Sainte-Ligue*, dans l'espérance de s'en rendre maître ; et, s'étant uni avec le duc de Guise contre le roi de Navarre, il révoqua par un édit tous les priviléges accordés aux Protestants.

Comment les Protestants, conduits par le roi de Navarre et le prince de Condé, défendirent – ils leurs priviléges, l'an 1587 ? Le roi de Navarre défit à Coutras en Guyenne la puissante armée que Henri III y avoit envoyée sous le commandement de Joyeuse, son favori ;

et, après sa victoire, il offrit la paix ; mais elle fut refusée.

Quels avantages remporta le duc de Guise dans la guerre contre le roi de Navarre ? Il battit à Vimori et à Anneau les Allemands et les Suisses qui alloient renforcer l'armée des Protestants ; après quoi il s'approcha de la capitale, où il fut reçu comme le sauveur de la nation.

Que fit Henri III, devenu jaloux des succès du duc de Guise, et craignant tout de son ambition, l'an 1588 ? Il lui ordonna de ne plus entrer à Paris ; mais le sujet rebelle y rentra au mépris des ordres du souverain, et, secondé par le peuple, en chassa les troupes du roi dans la journée qu'on appela des *Barricades*.

Que fit Henri III, voyant le duc de Guise maître de la capitale, l'an 1588 ? Il se retira à Chartres, et de là à Rouen, où Catherine de Médicis, sa mère, lui fit signer un édit de réunion très humiliant pour la royauté.

De quelle manière perfide Henri III parvint-il à se défaire du duc de Guise, qui lui devenoit de jour en jour plus odieux, l'an 1588 ? Il se rendit à Blois, où il affecta des vues pacifiques, et convoqua les états-généraux, en y attirant le duc de Guise, ainsi que son frère, le cardinal de Lorraine ; et après avoir

10.

fait semblant de se réconcilier sincèrement avec eux, il les fit assassiner tous les deux.

Quel effet produisit, l'an 1589, l'assassinat des deux Guise? Le duc de Mayenne, leur frère plus jeune, connu par son courage, fut déclaré lieutenant-général de *l'état royal* et de la *couronne de France* par le conseil de l'Union et par la faction dite des *Seize*, qui étoit devenue de plus en plus audacieuse contre le roi.

Quel parti prit Henri III, se voyant détrôné par la Ligue, et ensuite assiégé dans Tours par le duc de Mayenne? Il eut recours à Henri, roi de Navarre, son vainqueur, qui eut même la générosité de venir conférer avec le roi, n'ayant d'autre compagnie que celle d'un page, et qui fit bientôt lever le siège au duc de Mayenne.

Que firent les deux rois Henri III et Henri de Navarre après avoir repoussé à Tours le duc de Mayenne? Ils vinrent mettre le siège devant Paris, où ils trouvèrent très peu de résistance, parce que le parti de la Ligue y étoit sans appui.

Quel horrible attentat fut commis par les Ligueurs en la personne de Henri III, l'an 1589? Ils le firent assassiner à Saint-Cloud par un frère dominicain nommé Jacques Clément.

à qui son prieur, Bourgoing, avoit promis le ciel pour récompense de cette action.

Qu'y a - t - il particulièrement à observer au sujet de Henri III ? C'est que par le meurtre de ce roi périt la branche des Valois, qui avoit régné deux cent soixante et un ans, et avoit donné treize rois à la France. (15 jetons.)

BRANCHE DES BOURBONS.

62.

HENRI IV LE GRAND.

Henri quatre le Grand conquit son propre État ;
Converti, règne heureux, meurt par un scélérat.

De quel droit Henri IV succéda - t - il à son beau - frère Henri III, l'an 1589 ? En sa qualité de son parent le plus proche en ligne directe, étant issu de Robert, comte de Cler-mont, cinquième fils de saint Louis.

Quel compétiteur eut Henri IV à la cou-ronne de France ? Le cardinal de Bourbon, son oncle paternel, que le parti de la Ligue lui opposoit, et qui, n'étant qu'un fantôme de roi, prit le nom de Charles X.

Quel combat Henri IV, avant de s'établir sur le trône, livra-t-il aux Ligueurs, conduits par le duc de Mayenne ? Il les attaqua près de Dieppe, où, avec quatre mille hommes, il en défit seize mille, et gagna la fameuse bataille d'Arques.

Quel avantage signalé remporta Henri IV sur les troupes espagnoles attirées en France par le duc de Mayenne, l'an 1590 ? Il attaqua avec douze cents hommes seize mille Espagnols, et gagna sur eux la bataille d'Ivry, où le comte d'Egmont, leur général, resta sur la place, et où le duc de Mayenne fut obligé de reculer.

Quel parallèle a-t-on fait entre le caractère guerrier de Henri IV et celui de Mayenne ? Pour exprimer l'activité de l'un et la mollesse de l'autre, on a dit que Henri restoit moins au lit que Mayenne ne restoit à table.

Combien de temps le duc de Parme, Alexandre Farnèse, s'opposa-t-il aux succès de Henri IV ? Ce prince, qui à la tête des troupes espagnoles avoit fait lever à Henri IV le siège de Paris l'an 1590, et qui deux ans après l'avoit obligé de lever aussi le siège de Rouen, survécut très peu à ses victoires.

Que fit Henri IV après la mort du duc de Parme, l'an 1592 ? Il revint pousser avec vigueur le siège de Paris, où la famine obligeoit les habitants de faire avec des os de morts une espèce de pain appelé le *pain de madame de Montpensier,* parce que cette princesse en avoit encouragé l'usage.

Que fit le duc Mayenne, à qui la politique astucieuse de l'Espagne avoit fait toujours attendre sans succès la couronne de France ? Désespérant de l'obtenir pour lui-même, il résolut de la faire passer sur la tête de celui à qui elle appartenoit de droit, et engagea les deux partis à une conférence dont le résultat fut l'abjuration de Henri IV à Saint-Denys, et son sacre à Chartres.

Quel parti prirent enfin les Parisiens, dont la ville continuoit toujours d'être assiégée ? Ils en ouvrirent les portes à Henri, qui, après avoir renvoyé tous les étrangers et pardonné à tous les Ligueurs, alla souper de bonne grâce à l'Hôtel-de-Ville en signe de réconciliation.

Que dit Henri IV avant de se mettre à table à l'Hôtel-de-Ville ? En regardant ses pieds, il ajouta avec beaucoup de gaîté : « Je me suis bien crotté en venant à Paris ; mais du moins je n'ai pas perdu mes pas. »

Quelle guerre étrangère eut à soutenir Henri IV l'an 1595, après avoir conquis ses propres Etats ? La guerre contre les Espagnols, qu'il battit à Fontaine-Françoise, et qu'il chassa ensuite d'Amiens, en 1597, à la vue de l'archiduc Albert, contraint de se retirer.

Que fit Henri IV après avoir fait, à Vervins, la paix avec l'Espagne, l'an 1598 ? Secondé par le vertueux Sully, son ami et son ministre, il s'occupa pendant douze ans à réparer les maux de la guerre civile et à faire le bonheur de ses sujets.

Par quel édit Henri IV acheva-t-il de calmer les troubles de la France ? Par le fameux édit de Nantes, donné en 1598, qui assura aux Protestants, outre la liberté de conscience qui leur étoit déjà accordée, l'exercice public de leur religion dans plusieurs villes, la faculté de posséder toute espèce de charges, avec des places de sûreté pour huit ans et des pensions pour leurs ministres.

Quelle expression familière employoit Henri IV pour faire sentir le desir qu'il avoit de rendre ses sujets heureux ? Il disoit souvent qu'il vouloit mettre les paysans en état d'avoir une poule au pot tous les dimanches.

Comment finit Henri IV, l'an 1610 ? Un monstre furieux et imbécille, nommé Ravaillac, l'assassina dans la rue de là Ferronnerie pendant que le carrosse de ce roi, qui alloit à l'Arsenal, se trouvoit arrêté par un embarras de charrettes.

Quelle sensation produisit à Paris et dans toute la France la mort de Henri IV? Quelques fanatiques, remplis dè haine contre lui, éprouvèrent un sentiment de joie; mais, en échange, tous les bons François en furent pénétrés de douleur, quelques - uns même en moururent de chagrin, tel que De Vic, gouverneur de Paris.

Quelles vertus regrettèrent surtout les François dans Henri IV ? Son discernement dans le choix des personnes qu'il employoit; son courage, qui lui faisoit mépriser tous les dangers; son amour pour les lettres, qui le portoit à protéger les savants ; son véritable attachement pour le peuple, dont il méditoit toujours le bonheur; enfin sa grandeur d'âme, qui lui fit pardonner même à ses ennemis.

Que répondit Henri IV à ceux qui l'exhortoient à traiter avec rigueur quelques places de la Ligue qu'il avoit réduites par la force ? « Là satisfaction qu'on tire de la vengeance ne dure qu'un moment; mais celle qu'on tire de la clémence est éternelle. »

Quel fut le seul acte de rigueur que Henri

IV exerça malgré la bonté naturelle de son cœur ? Il fit décapiter avec une sévérité inflexible son confident et son favori, le maréchal de Biron, convaincu d'avoir des liaisons secrètes avec la Savoie et l'Espagne.

Par quels défauts furent obscurcies les grandes qualités de Henri IV ? Par une passion extrême pour le jeu et pour les femmes.

Que fit Sully lorsque Henri lui montra la promesse de mariage qu'il avoit donnée à la marquise de Verneuil, l'une de ses maîtresses ? Il la déchira pour toute réponse. « Comment, morbleu ! s'écrie le roi en colère, je crois que vous êtes fou ». Sully répondit froidement : « Oui, sire, je suis fou ; mais je voudrois l'être tout seul en France ». Quelques jours après il fut fait grand maître de l'artillerie.

Combien d'enfants légitimes laissa Henri IV de son mariage avec Marie de Médicis ? Il laissa trois garçons et trois filles : les trois garçons furent *Louis*, qui lui succéda, un *second*, qui mourut fort jeune ; et le troisième, nommé duc d'*Orléans*. Les trois filles furent *Elisabeth*, épouse de Philippe IV, roi d'Espagne ; *Christine*, épouse de Victor Amédée, duc de Savoie ; et *Henriette Marie*, épouse de Charles Ier, roi d'Angleterre. (22 jetons.)

XIII SIÈCLE DE LA MONARCHIE.

DEPUIS L'AN 1600 JUSQU'A L'AN 1700.

Case 30 du Tableau.

63.

LOUIS XIII, LE JUSTE.

Louis treize renverse un rempart hérétique ;
Triomphe, secondé d'un parfait politique.

Comment Louis XIII, âgé de neuf ans, fils et successeur de Henri IV, commença-t-il à régner, l'an 1610 ? Sous la régence de Marie de Médicis, sa mère, qui excita d'abord l'indignation des grands par ses prodigalités et par la faveur qu'elle accordoit à Concini, Italien, depuis maréchal d'Ancre.

De quelle manière éclatèrent les premiers troubles occasionnés par la régence de Marie de Médicis, l'an 1614 ? Le prince de Condé, le duc de Longueville, le duc de Mayenne, le maréchal de Bouillon, et d'autres seigneurs, se retirèrent de la cour, et prirent les armes, protestant hautement qu'ils vouloient tirer le roi de la tutelle tyrannique exercée par le maréchal d'Ancre.

Par quels moyens le jeune roi Louis XIII parvint-il à apaiser les troubles de sa régence ? Indigné naturellement de se voir sous la dépendance de Concini ; il profita aisément des conseils de Luynes, son confident, et ordonna de faire arrêter le ministre Concini, qui, ayant voulu résister aux ordres du roi, fut assassiné sur le pont du Louvre.

Quels troubles occasionna en France la mort de Concini ? Elle fit naître deux partis, celui du roi et celui de la reine, qui n'auroient jamais été réconciliés sans la sagacité et l'adresse de l'évêque de Luçon, depuis cardinal de Richelieu.

Quels changements vit-on dans les affaires lorsque le cardinal de Richelieu fut appelé à tenir les rênes du gouvernement ? Ce profond politique parvint par sa fermeté à étouffer toutes les factions, mit les protestants à la raison, et contraignit les grands d'obéir respectueusement au roi.

Comment finit la guerre que Louis XIII fit en 1621 aux huguenots, qui, ayant mis à leur tête le prince de Rohan et le duc de Soubise, étoient soutenus par l'Angleterre ? Cette guerre se termina en 1629, par la prise de la Rochelle, suivie d'un édit de pacification.

A quoi dut-on la reddition de la Rochelle

dont le siège dura un an et coûta quarante millions? À une digue de cinq cents pieds de long que le cardinal de Richelieu fit construire dans l'Océan, et qui ferma le port de la ville aux Anglois.

Quels moyens sévères employa le cardinal de Richelieu pour inspirer de la crainte aux grands? Il en fit décapiter plusieurs d'un très grand nom, tels que Montmorency, qui fut condamné à Toulouse pour s'être joint au duc d'Orléans; Cinq-Mars et de Thou, qui montèrent sur l'échafaud pour avoir traité avec l'Espagne contre les intérêts du roi.

Comment finit le cardinal de Richelieu, l'an 1642? Il mourut âgé de cinquante-sept ans, après avoir été 18 ans dans le ministère, et après avoir formé dans la politique le cardinal Mazarin, qui lui succéda dans le maniement des affaires.

Quels éloges doit-on au cardinal de Richelieu? Il réprima les factieux, rendit la France respectable à ses ennemis, fit bâtir le Palais-Royal et la Sorbonne, fonda l'Académie françoise, et prépara en quelque sorte les merveilles du règne de Louis XIV.

Quels furent les princes et les grands seigneurs qui revinrent à la cour après la mort du cardinal de Richelieu ? Outre le duc d'Orléans, qui s'étoit retiré en Lorraine, et qui à son retour fut reçu gracieusement par le roi, on vit reparoître à la cour les maréchaux de Vitry, de Bassompierre et d'Estrées, les ducs de Saint-Simon, de Vendôme, etc.

Combien de temps Louis XIII survécut-il à la perte de son ministre le cardinal de Richelieu ? Il mourut un an après lui, en laissant deux enfants : Louis XIV, qui lui succéda ; et Philippe de France, duc d'Orléans. (10 jetons).

64.

LOUIS XIV LE GRAND.

Son fils Louis-le-Grand surpasse ses aïeux,
Son règne est le plus long et le plus glorieux.

Comment Louis XIV, fils et successeur de Louis XIII, commença-t-il à régner, l'an 1643 ? Ce prince, monté sur le trône à l'âge de cinq ans, régna jusqu'à sa majorité sous la régence d'Anne d'Autriche sa mère, qui confia tous les soins des affaires au cardinal Mazarin.

Quelles victoires signalées remporta la France sous la minorité de Louis XIV ? Celles de Rocroy, de Fribourg, de Nortlingue et de Lens, que le duc d'Enghien, depuis prince de Condé, remporta sur les Espagnols et sur les Impériaux.

Quels troubles intestins eurent lieu en France pendant la minorité de Louis XIV? La guerre de la Fronde, qu'excitèrent les gens du parlement soutenus par le cardinal de Retz, les princes de Condé, de Conti, les ducs de Beaufort, de Bouillon, de La Rochefoucauld, et la duchesse de Longueville, tous ennemis jurés du cardinal Mazarin.

Quel fut l'évènement le plus remarquable de la guerre de la Fronde ? Ce fut la bataille du faubourg Saint-Antoine, entre Turenne à la tête de l'armée royale, et Condé à la tête des Frondeurs.

Quel fut le résultat de la guerre de la Fronde? Le cardinal Mazarin, après avoir été obligé de se retirer deux fois, finit par triompher de ses ennemis, et par gouverner la France jusqu'à sa mort, l'an 1661.

Quels traités de paix avoit conclus la France pendant le ministère du cardinal Mazarin? Celui de Munster, en 1648, entre le roi, l'empereur Ferdinand III, Christine, reine de Suède, et les États de l'empire; et le traité des Pyrénées, signé l'an 1659.

Quels furent les principaux articles du traité des Pyrénées ? 1° Le mariage du roi

11.

avec l'infante Marie-Thérèse; 2° la restitution de plusieurs places à la France; 3° le rétablisment du prince de Condé, qui avoit quitté sa patrie du temps de la Fronde pour prendre du service en Espagne.

Que fit Louis XIV en commençant à régner lui-même, après la mort du cardinal Mazarin, l'an 1661 ? Il mit à la tête des finances le fameux Colbert, que le cardinal, avant de mourir, avoit recommandé au roi comme le seul homme d'une application infatigable, d'une fidélité à toute épreuve, et d'une capacité supérieure dans les affaires, en disant : « Sire, je vous dois tout, mais je crois m'acquitter en quelque sorte avec votre majesté en vous donnant Colbert. »

Quel fut le premier soin de Colbert après qu'il eut remplacé Fouquet, à la chute duquel il avoit beaucoup contribué ? Il employa tous ses talents à rétablir l'ordre dans les finances, et il y réussit, non-moins qu'à immortaliser le règne de son maître par des réglements sages et utiles.

Quels sont les principaux titres que Colbert a acquis à la gloire dans son ministère? Les récompenses qu'il fit accorder par le roi aux savants nationaux et étrangers, les encouragements reçus par un grand nombre de manufactures, la création de la marine françoise; la construction du fameux canal de Languedoc, l'établissement des académies des sciences, de peinture et de sculpture.

Quelle satisfaction exigea Louis XIV, de l'ambassadeur d'Espagne en Angleterre, l'an 1662? Ce ministre ayant prétendu le pas sur l'ambassadeur de France, fut forcé de protester que jamais son maître ne le prétendroit à l'avenir.

Quel démêlé eut Louis XIV avec le pape Alexandre VII, l'an 1664? Le roi demanda satisfaction au pape de l'insulte que les troupes corses avoient faite au duc de Créqui, ambassadeur de France à Rome; et il ne se désista de ses prétentions que lorsque le pontife eut envoyé en France son neveu le cardinal Chigi, pour faire des excuses.

Comment Louis XIV vengea-t-il les infidélités de la république d'Alger envers la France, l'an 1683? Il fit bombarder Alger, jusqu'à ce que les habitants eussent imploré la clémence du roi, et rendu huit cents esclaves.

Quelle satisfaction le roi tira-t-il des Génois, qui avoient vendu de la poudre et des galères à ses ennemis, l'an 1684? Il fit jeter une grande quantité de bombes dans la ville de Gênes, qui, pour fléchir le roi, se vit forcée d'envoyer en France le doge avec quatre sénateurs, chargés de faire des excuses au nom de la république.

Quelles furent les quatre guerres principales qu'eut à soutenir Louis XIV pendant son règne ? 1° Celle avec l'Espagne ; 2° celle avec les Hollandois, soutenus depuis par l'empereur, le roi d'Espagne et d'autres princes ; 3° celle contre l'Empire, auquel se joignirent l'Espagne, l'Angleterre et la Hollande ; 4° enfin celle contre la maison d'Autriche, qui eut pour alliés l'Angleterre, la Savoie, la Hollande et le Portugal.

Quel sujet eut le roi de faire la guerre à l'Espagne, l'an 1667 ? Après la mort de Philippe IV, son beau-père, Louis voulut faire valoir les droits que la reine son épouse avoit sur l'Espagne, ainsi que sur les pays-Bas, et prit en très peu de temps Tournay, Courtray, Douai, Oudenarde, Lille et la Franche-Comté.

A qui le roi dut-il particulièrement ses conquêtes rapides dans les Pays-Bas, l'an 1667 ? Il les dut non moins à la valeur de Turenne, qu'aux sages dispositions financières du ministre Louvois.

Comment finit la guerre que Louis XIV

fit à l'Espagne dans les Pays-Bas, l'an 1667? Elle fit par le traité d'Aix-la-Chapelle, qui laissa la France en possession de tout ce qu'elle avoit conquis dans les Pays-Bas, et la priva seulement de la Franche-Comté.

Que fit de remarquable Louis XIV *après la guerre d'Espagne?* Il fit construire l'Observatoire, l'hôtel des Invalides; et forma un corps de troupes composé de quatre cent mille soldats.

Pourquoi Louis XIV *fit-il la guerre aux Hollandois, l'an* 1674? Parce que cette nation, que le roi avoit toujours favorisée, osa faire contre lui un traité avec les Anglois et les Suédois, sous le nom de *triple alliance*.

Que fit Louis XIV *pour punir les Hollandois du traité de la* triple alliance? Il entra dans leur pays à la tête de soixante mille hommes, s'empara de plusieurs villes, et auroit poussé ses conquêtes jusqu'à Amsterdam, si les habitants n'eussent employé la triste ressource de lâcher leurs écluses.

Quelles victoires remarquables les François remportèrent-ils sur les Hollandois? Le duc de Vivonne, secondé par Du Quesne, gagna deux batailles contre Ruyter, amiral hollandois; et Philippe, duc d'Orléans, gagna contre le prince d'Orange la bataille de Cassel.

Comment finit la guerre contre les Hollandois, soutenus par l'empire et l'Espagne, l'an 1678? Elle finit par la paix de Nimègue, qui en accordant aux Hollandois tout ce qu'ils avoient perdu, mit la France en possession de la Franche-Comté et d'une partie de la Flandre espagnole.

Quelle perte la France eut-elle à regretter dans la guerre de l'an 1675? Celle du fameux maréchal de Turenne, atteint par un boulet de canon, près de Saltzbach, au moment où il alloit choisir une place pour dresser des batteries.

Quelles furent les suites de la révocation de l'édit de Nantes, en 1685? Près de cinquante mille familles, en trois ans de temps, sortirent du royaume, et portèrent chez les étrangers les arts, les manufactures et les trésors de la France.

Quelle fut la cause de la guerre que fit Louis XIV à l'empire, l'an 1688? La ligue d'Augsbourg, formée contre la France par l'empereur, le roi d'Espagne, la Savoie, la Bavière, l'électeur de Brandebourg et le prince d'Orange, qui étoit l'âme de cette ligue, et vouloit la faire servir à chasser le roi Jacques du trône de la Grande-Bretagne, pour s'y placer lui-même.

Quels furent les principaux événements de cette guerre? La prise de Philisbourg par le dauphin; celle de Namur, par le roi, les batailles de Fleurus, de Steinkerque et de Nerwinde, gagnées par le maréchal de Luxembourg; celle de Stafarde et de la Marsaille, gagnées par le maréchal de Catinat, et la funeste bataille navale de la Hogue, perdue par l'amiral Tourville, qui, l'année précédente, avoit battu les flottes d'Angleterre et de Hollande.

Comment finit la guerre de la ligue d'Augsbourg, l'an 1697? Par le traité de Ryswick, qui accorda à Louis XIV tout ce qu'il possédoit en deçà du Rhin, à condition qu'il reconnoîtroit le prince d'Orange pour roi d'Angleterre et qu'il rendroit aux Espagnols ce qui avoit été pris sur eux depuis le traité de Nimègue.

Quelle fut la cause de la guerre qu'eut à soutenir Louis XIV contre la maison d'Autriche et contre ses alliés, l'an 1701? Ce fut le testament de Charles II, roi d'Espagne, qui, mort sans successeur, appeloit à la couronne Philippe de France, duc d'Anjou, second fils du Dauphin, et petit-fils de Louis XIV.

Quels ennemis eut à combattre Louis XIV dans la guerre de la succession d'Espagne ? L'empereur, la république de Hollande, l'Angleterre, qui mirent ensuite dans leurs intérêts la Savoie et le roi de Portugal.

Quelles furent les batailles malheureuses pour la France, dans la guerre de la succession ? La bataille de Hochstet en Allemagne, en 1704; où les alliés, commandés par le prince Eugène et par le duc de Marlborough, taillèrent en pièces l'armée françoise, conduite par Taillard et Marchin; celles de Ramillies, près de Namur, où le maréchal de Villeroi, fut complétement défait en 1706; et celle de Malplaquet, en Flandre, en 1709, où le maréchal de Villars, après avoir fait des prodiges de valeur, et avoir été blessé, fut forcé de céder le champ de bataille au prince Eugène et au duc de Marlborough.

Comment le maréchal de Villars sauva-t-il la France sur le point d'être envahie par le prince Eugène ? Il força le camp des ennemis à Denain, fit lever le siège de Landrecies, prit Douay, le Quesnoi et Bouchain.

Comment finit la guerre de la succession d'Espagne, l'an 1713 ? Par une paix générale signée à Utrecht, entre la France, l'Espagne, l'Angleterre, la Savoie, le Portugal, la Prusse et la Hollande : la paix avec l'empereur fut signée l'année suivante à Rastadt.

Quels sujets de douleur éprouva Louis XIV depuis l'an 1711 ? Il vit périr en moins de quatre ans une grande partie de sa famille ; savoir : le dauphin, son fils ; le duc de Bourgogne, son petit-fils ; la duchesse de Bourgogne ; le duc de Berry, troisième frère du premier dauphin ; deux jeunes dauphins, fils du duc de Bourgogne, sans compter plusieurs princes des autres branches de la famille royale.

Comment finit Louis XIV, l'an 1715 ? Ce prince, qui avoit commencé à régner avec tant d'éclat et de bonheur, mais dont la vieillesse fut accablée de douleur et de chagrin, finit ses jours à l'âge de soixante-dix-sept ans, après en avoir régné soixante-treize.

Qu'a-t-on particulièrement admiré du règne de Louis XIV ? On a admiré dans son gouvernement une conduite ferme, noble et suivie, quoiqu'un peu trop absolue ; et dans sa cour, le modèle de la politesse, du bon goût et de la grandeur. (36 jetons.)

XIVe SIÈCLE DE LA MONARCHIE.

DEPUIS L'AN 1700 JUSQU'A L'AN 1800.

Case 31 *du Tableau.*

65.

LOUIS XV.

Louis quinze, à cinq ans, sous un régent est roi ;
Chasse Law, prend Fleury, combat à Fontenoi.

Comment Louis XV, âgé de cinq ans et demi, parvint-il au trône, l'an 1715 ? En sa qualité d'héritier le plus proche, étant arrière-petit-fils de Louis XIV, petit-fils du dauphin de France, et fils du duc de Bourgogne.

Quel prince fut déclaré régent du royaume dans la minorité de Louis XV ? Philippe d'Orléans, premier prince du sang, qui, en dépit du testament du feu roi, fut reconnu régent en plein parlement, où il déclara « qu'il consentoit à avoir les mains liées pour faire du mal, mais qu'il vouloit être le maître pour faire du bien. »

Quelles furent les personnes chargées de l'éducation du jeune Louis XV ? Selon les dispositions du roi défunt, la duchesse de Ventadour fut conservée dans la place de gouvernante ; le duc du Maine fut nommé surintendant de l'éducation, et le maréchal duc de Villeroi fut désigné gouverneur de sa majesté lorsqu'elle sortiroit de la main des femmes.

Quel prince vint visiter la France pendant la minorité de Louis XV, l'an 1717 ? Pierre le Grand, empereur de Russie, qui visita avec le plus grand détail les manufactures et les monumens remarquables ; il s'arrêta, entre autres, devant le tombeau du cardinal de Richelieu, où, dit-on, il s'écria : « Grand ministre, que n'es-tu né de mon temps ! je te donnerois la moitié de mon empire pour m'apprendre à gouverner l'autre. »

Quelle subversion générale des fortunes vit-on en France, l'an 1720 ? Un aventurier écossois, nommé Jean Law, sous prétexte d'éteindre les deux milliards de dettes dont la France étoit chargée, fit établir par le gouvernement une banque dont le papier, remboursé d'une manière illusoire, ruina tous les créanciers de l'État.

Quel fut le ministre éclairé que choisit Louis XV étant majeur, et après avoir épousé Marie Leczinska, fille de Stanislas, roi de Pologne ? Le cardinal de Fleury, qui substitua une sage économie aux profusions de la cour , et se servit de toute son autorité pour faire le bien et réparer les maux passés.

Quels furent les succès de la guerre que Louis XV fit à l'Empereur pour soutenir les droits de Stanislas Leczinski au trône de Pologne ? Le maréchal de Villars, en finissant sa longue et brillante carrière, prit Milan , Tortone et Novare ; le maréchal de Coigny gagna les batailles de Parme et de Plaisance. (Voyez notre *Histoire moderne* , nᵒˢ 592 et 613.)

Pourquoi Louis XV se mit-il à la tête de ses armées, l'an 1744 ? Ce fut pour soutenir les droits que Charles VII , électeur de Bavière , croyoit avoir à l'empire d'Allemagne contre la maison d'Autriche.

En quoi fut fameuse la campagne de Flandre que le roi fit en personne , l'an 1744 ? Par la prise de Courtrai, de Menin et d'Ypres ; mais encore plus par la maladie dangereuse que le roi fit à Metz, et qui lui valut , par ses sujets alarmés, le titre flatteur de *Louis le Bien-aimé.*

Quels furent les exploits que fit Louis XV , rétabli de sa maladie , l'an 1744 ? Ce furent le siège et la prise de Fribourg , la bataille de Fontenoi , de Laufeld ; la conquête de Gand , d'Ostende, de Bruxelles, du Brabant hollandois ; l'assaut de Berg-op-Zoom, et celui de Maëstricht, qui fut investi par quatre - vingt mille hommes.

Comment le maréchal de Saxe se distingua-t-il dans les guerres de Flandre, l'an 1744 et les années suivantes ? Elevé dès sa jeunesse à l'école du duc de Marlborough et du prince Eugène, il fit des plans de campagne qui furent regardés comme des chefs-d'œuvre de l'art militaire, et qui donnèrent lieu de le placer à côté de Turenne.

Où se distingue particulièrement le comte de Lowendal pendant la guerre que Louis XV fit en personne, l'an 1747 ? Ce digne ami et imitateur du maréchal de Saxe mit le comble à sa gloire au siège de la ville de Berg-op-Zoom, en la prenant d'assaut, quoiqu'elle fût défendue par sa situation, par une garnison nombreuse, et par une armée qui campoit à ses portes.

Quel traité de paix mit fin à la guerre que Louis XV fit en Hollande, l'an 1747 ? Celui d'*Aix-la-Chapelle*, où le roi assura Parme, Plaisance et Guastalle à don Philippe, son gendre, et le royaume des Deux-Siciles à don Carlos, frère du roi d'Espagne, et son parent.

12.

Après la paix d'Aix - la - Chapelle , comment Louis XV dédommagea-t-il les François des malheurs de la guerre ? Il ordonna des grandes routes dans tout le royaume , fit élever quantité de monuments publics , entre autres l'École royale militaire , l'an 1751 , et honora les sciences , non moins que les arts , d'une protection particulière.

Quelle guerre vint troubler le bonheur de la France , l'an 1755 ? Celle que nous firent les Anglois , sans la déclarer , et où ils eurent d'abord quelques succès; mais l'année suivante ils furent battus sur mer par le marquis de la Galissonnière , et perdirent Port-Mahon , pris d'assaut par le maréchal de Richelieu.

Quel horrible attentat fut commis contre la personne sacrée de Louis XV , l'an 1757 ? Un exécrable scélérat , dont l'esprit étoit aliéné depuis long-temps , frappa le roi d'un coup de couteau au côté droit , comme ce monarque , environné des seigneurs de sa cour , montoit en voiture pour se rendre à Trianon.

Quelles défaites essuya l'armée françoise , déjà maîtresse du duché d'Hanovre ? Elle fut battue par le grand Frédéric , roi de Prusse , à la fameuse journée de *Rosbach* , et par le prince de Brunswick à *Crevelt* , l'an 1758 ;

mais le duc dè Broglie vengea la France , l'année suivante, par la victoire complète qu'il remporta sur l'ennemi à Bergen , près de Francfort.

Quelle conquête firent les Anglois en dépit du pacte de famille conclu entre toutes les branches souveraines de la maison de Bourbon , l'an 1761 ? Ils s'emparèrent de presque toutes les îles et possessions que les François avoient soit en Amérique, soit en Asie; et n'épargnant pas plus les Espagnols , ils leur enlevèrent l'île de Cuba et les Philippines.

Quelle fut la fin de la guerre entre la France, alliée de l'Espagne , et l'Angleterre , alliée du roi de Prusse, l'an 1763 ? Elle se termina par un traité de paix signé à *Paris ,* d'après lequel les Anglois gardèrent une grande partie de leurs conquêtes , et ne rendirent à la France et à l'Espagne qu'un petit nombre de possessions en Amérique et en Asie.

Comment finit Louis XV , l'an 1774 ? Ce roi, qui étoit à sa mort le plus ancien monarque de l'Europe , fut attaqué pour la seconde fois de la petite vérole , et succomba à cette maladie affreuse dans la soixante – cinquième année de son âge , et dans la soixantième de son règne.

Quel fut le caractère de Louis XV ? Ce

prince, né avec un esprit sage et juste, se montra toujours affable, prévenant, humain, indulgent; et porté à faire le bien, il n'auroit jamais pu faire de mal que celui qu'on lui auroit inspiré en surprenant sa religion ou son cœur. (21 jetons.)

66.

LOUIS XVI.

Louis le malheureux, cinquième des Bourbons.

Comment débuta Louis XVI, parvenu au trône en sa qualité de petit-fils de Louis XV, l'an 1774 ? Par un acte de bienfaisance : il remit au peuple, comme l'avoit fait Louis XII, le droit de joyeux avènement, si onéreux pour la nation.

Quel changement remarquable Louis XVI fit-il dans l'Etat au commencement de son règne ? Il rétablit dans l'exercice de leurs fonctions les anciens parlements, exilés par Louis XV en 1771, sous le ministère du chancelier de Maupeou.

Quels réglements utiles à l'humanité furent faits par Louis XVI, dans les années 1780 et 1781 ? Ce roi ordonna la destruction des *cachots souterrains*, la séparation des prisons en *civiles* et en *criminelles*, et l'abolition de la *question préparatoire*, pour les gens soupçonnés de crimes graves.

Quel fut le motif de la guerre maritime que la France eut à soutenir contre l'Angleterre, depuis l'an 1778 jusqu'à l'an 1783? Les colonies angloises de l'Amérique septentrionale, après s'être déclarées indépendantes du gouvernement britannique, sous le nom d'*Etats - Unis*, proposèrent à la France un traité de commerce qu'elle accepta, mais qui, ayant déplu aux Anglois, occasionna la guerre nommée d'*Amérique*.

Quel fut le résultat de la guerre d'Amérique, l'an 1783. L'Angleterre, combattue valeureusement par ses colonies et par leurs alliés, la France, l'Espagne, la Hollande, fut forcée enfin de reconnoître l'indépendance des *Etats-Unis* d'Amérique.

Quels embellissements remarquables reçut Paris sous le règne de Louis XVI? L'Ecole de Chirurgie, dont le roi posa la première pierre en 1774; une halle superbe pour mettre les grains à l'abri du temps, et le nouveau pont qui porte son nom.

Quels illustres étrangers visitèrent la France du temps de Louis XVI? L'empereur Joseph II, arrivé à Paris en 1776, sous le titre de comte de *Falkenstein*; l'archiduc

Maximilien, frère de l'empereur ; le grand-duc de Russie et son épouse, en 1782, sous le titre du comte et de la comtesse du *Nord* ; le roi de Suède, en 1784, en qualité de comte de *Haga*.

Quelle démarche fit Louis XVI pour réta-blir l'ordre dans les finances, l'an 1787 ? Il convoqua une assemblée de notables, et une seconde l'année suivante, qui ne fut elle-même qu'une préparation aux états-généraux.

Quel changement subit l'assemblée des états-généraux ouverte à Versailles en 1789 ? Elle prit le nom d'*assemblée constituante*, et se transféra à Paris, où elle tint ses séances jus-qu'à la fin de l'année 1791. Elle fut remplacée par l'*assemblée législative*, à laquelle succéda le 21 septembre 1792 la *Convention natio-nale.*

Quels furent les premiers actes de la Con-vention ? Elle proclama l'abolition de la royauté, et l'établissement de la république en France ; ensuite elle fit le procès au roi, qui eut la tête tranchée le 21 janvier 1793.

Quels furent les derniers mots de Louis XVI après que son confesseur, l'abbé Ed-geworth, lui eut adressé ces sublimes et con-solantes paroles : « Fils de Saint − Louis montez au ciel ? » Il s'écria d'une voix forte : « François, je meurs innocent de tous les crimes qu'on m'a imputés. Je pardonne à mes ennemis, et je prie Dieu qu'il leur pardonne. Je souhaite que ma mort.....» Ici un roulement de tambours étouffa sa voix. (11 jetons.)

67.

LOUIS XVII.

Louis dix-sept meurt enfant, victime de la haine;
Et la France combat, fière et républicaine.

Quelle fut la forme du gouvernement après la fin malheureuse de Louis XVI ? La convention continua de régir la France, et le gouvernement révolutionnaire fut établi. Tandis que la terreur et l'anarchie désoloient l'intérieur de la France, ses armées repoussoient l'invasion étrangère, et s'illustroient au dehors par de nombreuses victoires.

Quelle fut la fin de Marie – Antoinette , reine de France, femme de Louis XVI? Le 16 octobre 1793, elle fut condamnée à mort ; elle subit son sort avec la piété , la résignation et le noble courage qu'elle n'avoit cessé de montrer pendant ses longs malheurs.

Quelle fut la fin de Louis XVII ? Le 5 juin 1795 (17 prairial, an 3 de l'ère républicaine), à l'âge de douze ans, il mourut victime des plus odieux traitements, au Temple où avoit été enfermé avec ses augustes parent (3 jetons.)

XVe SIÈCLE DE LA MONARCHIE.

DEPUIS L'AN 1800 JUSQU'À L'AN 1825.

Case 32 du Tableau.

68.

LOUIS XVIII.

Napoléon paroît; on s'enchaîne à son trône ;
La guerre l'éleva, la guerre le détrône,

Louis dix-huit de retour au milieu des François
Leur apporte la Charte, et rétablit la paix.

Où le roi Louis XVIII fut - il obligé de se retirer pendant les dix-neuf premières années de son règne ? A Vérone, à l'armée de Condé sur le Rhin, à Blankenbourg, à Mittau, à Varsovie qu'il quitta en 1805 pour retourner à Mittau, d'où il se rendit ensuite en Angleterre où il résida avec sa famille jusqu'à son retour en France.

Quels furent les changements successifs apportés dans la forme du gouvernement en France ? La convention fut remplacée par un

directoire exécutif composé de cinq membres,
et par les conseils des anciens et des cinq-cents,
puis par le consulat qui fut d'abord temporaire
et ensuite institué à vie.

*Quel changement remarquable eut lieu
dans le gouvernement le 18 mai 1804 (28
floréal an 12 de l'ère républicaine)?* Le général Napoléon Bonaparte, premier consul, né
à Ajaccio en Corse le 15 août 1769, fut proclamé empereur.

*Quels sont les principaux évènements du
règne de Napoléon Bonaparte ?* Il fit la guerre
pendant toute la durée de son règne, et entra
dans Vienne, Berlin, Madrid, Varsovie,
Moscou, etc., à la tête de ses armées. On lui
déféra en 1805, le titre de roi d'Italie, l'année
suivante celui de protecteur de la Confédération
germanique. Il fit, sans succès, à l'Espagne une
guerre injuste et cruelle pour y faire régner sa
famille à la place des souverains légitimes. Le
1er avril 1810, après avoir répudié sa femme,
Joséphine Tascher de La Pagerie, il épousa
Marie-Louise, fille de François II, empereur
d'Autriche, et en eut un fils le 20 mars 1811.
Le terme de ses succès fut la guerre d'Espagne
et celle de Russie, où une grande partie de
l'armée françoise périt victime de la rigueur des
saisons. Une coalition des puissances euro-

péennes, et la haine que lui avoient attirée son ambition et l'établissement du despotisme militaire amenèrent enfin sa chute.

Comment la famille des Bourbons fut-elle rétablie sur le trône de France ? Après une invasion des troupes étrangères en France, sa majesté Louis XVIII fit, le 3 mai 1814, son entrée solennelle à Paris au milieu des acclamations de joie les plus vives, et la paix générale fut rétablie.

Quel bienfait les François reçurent-ils de sa majesté Louis XVIII le 4 juin 1814 ? Le Roi accorda aux François la Charte constitutionnelle, divisée en 76 articles, qui consacre les prérogatives de la puissance royale et les droits des citoyens, qui règle l'exercice de la puissance législative par l'établissement de la Chambre des Pairs et de celle des Députés des départements.

Comment le repos de la France fut-il de nouveau troublé ? Bonaparte qui avoit été relégué dans l'île d'Elbe, débarqua le 1er mars 1815, à Cannes, traversa le midi de la France, et entra à Paris dans la soirée du 20 mars.

Quel fut le sort de cette tentative de Napoléon Bonaparte ? Il fut vaincu à la journée de Waterloo, et ensuite conduit prisonnier à l'île de Sainte-Hélène, après la rentrée dans Paris, le 8 juillet 1815, de sa majesté Louis XVIII, et il y mourut le 5 mai 1821 âgé de 52 ans. (9 jetons.)

Après un règne, durant lequel toutes ses pensées eurent pour objet le bonheur des François, Louis XVIII cessa de vivre à Paris, le 16 septembre 1824.

69.

CHARLES X.

Roi de France le 16 septembre 1824, sacré à Reims le 29 mai 1825. Jamais règne ne s'annonça sous de plus heureux auspices, et le caractère d'honneur et de bonté paternelle de Sa Majesté, présage aux François une longue suites d'années en même temps glorieuses et paisibles.

FIN DE L'HISTOIRE DE FRANCE JUSQU'A
L'AN 1825.

MANIÈRE

D'EXERCER LES ENFANTS

SUR

L'HISTOIRE DE FRANCE,

PAR LE MOYEN D'UN JEU.

Les enfants peuvent être exercés sur l'histoire de France de deux manières, que nous appelons *Jeu des rois*, *Jeu des siècles*.

1. Jeu des rois.

Les instruments de ce jeu sont 72 *étiquettes* ou *médaillons*, dont 66 contiennent les portraits des rois, et 6 rappellent les trois *races* et les trois branches des Capétiens. Les *étiquettes blanches* remplacent au besoin les médaillons où les étiquettes qui pourroient s'égarer.

Voici la manière de jouer ce jeu. Lorsque les élèves auront connu un certain nombre de traits relatifs aux premiers rois de France, l'instituteur mettra dans un sac les médaillons qui accompagnent ce jeu, en fera tirer un au hasard par chaque élève, et lui fera ensuite les questions renfermées sous le titre de ce roi dans nos *Leçons*. Par exemple, si l'élève tire le médaillon n° 2, *Clodion*, l'instituteur lui fera réciter d'abord le vers technique qui répond à ce roi, savoir :

Clodion chevelu qu'Aëtius vainquit.

Ensuite il lui fera la question :
Pourquoi Clodion fut-il surnommé le Chevelu ? L'élève dira qu'*il fut surnommé ainsi à cause de sa longue chevelure,* etc. L'instituteur lui posera de même les autres trois questions contenues sous le même article.

Si l'élève satisfait aux questions proposées, il reçoit un jeton pour chacune de ses réponses ; s'il se trompe, il en paie un soit à l'élève qui le corrige, soit à l'instituteur même, qui fait lire alors tout haut, par un des élèves, la réponse du livre.

Après le premier médaillon tiré, les autres élèves en tirent un second, un troisième, etc. en les expliquant de même, jusqu'à ce que le temps de la leçon soit écoulé.

Lorsque les élèves, en répétant ainsi leur leçon, auront fini d'expliquer la première race, on les obligera de répéter à-la-fois tous les vers techniques de cette race, et de nommer de suite tous les rois qui la composent. On en usera de même pour les autres races.

II. Jeu des siècles.

Les instruments de ce jeu sont les *quatorze cases* du tableau de l'*Histoire de France*, jointes à la fin de ces leçons. On pourra aisément les faire coller sur du carton, et les faire couper en forme de cartes de jeu.

L'objet de ce second exercice est de faire repasser aux élèves non pas les traits particuliers de chaque roi, mais les faits essentiels relatifs à chaque siècle.

Ainsi, après que l'élève aura tiré au hasard une de ces cartes chronologiques, il la passera dans les mains de l'instituteur, qui lui fera répéter les vers qu'elle renferme. Par exemple, pour le premier siècle, les sept vers et demi, depuis les mots : *Ses lois en quatre cents,* etc., jusqu'à *Clotaire, Clodomir.* Si l'élève les répète bien, il gagne un jeton; s'il se trompe, la parole passe à son voisin à droite, qui lui gagne un jeton. Celui qui corrigeroit tous ses camarades recevroit un jeton de chacun d'eux. L'élève qui se trouve avoir gagné le plus de jetons obtient le titre flatteur de *Président,* et, dans la nouvelle leçon prend la place d'honneur à côté du maître.

TABLE CHRONOLOGIQUE

ET GÉNÉALOGIQUE

DES ROIS DE FRANCE.

Nota. Dans cette table, le chiffre qui précède le nom de chaque roi marque l'année dans laquelle il a commencé à régner ; à la suite de ce nom, f., signifie que ce roi étoit fils de son prédécesseur ; fr., qu'il en étoit frère ; les chiffres des colonnes S. et P. indiquent, 1º la place que le roi occupe dans la série ; 2º la page de ce volume où il est parlé du même roi.

Iᵉʳ SIÈCLE DE LA MONARCHIE.

(CINQUIÈME DE L'ÈRE CHRÉTIENNE.)

Première Race.

L'AN		S.	P.
418 Pharamond.		1.	1
428 Clodion.		2.	2
448 Mérovée, f.		3.	3
458 Childéric, f.		4.	4
481 Clovis, f.		5.	5

II. SIÈCLE DE LA MONARCHIE.

(SIXIÈME DE L'ÈRE CHRÉTIENNE.)

		S.	P.
511 Childebert, f.		6.	9
558 Clotaire, fr.		7.	12
561 Cherebert, f.		8.	13

XIIe SIÈCLE DE LA MONARCHIE.
(SEIZIÈME DE L'ÈRE CHRÉTIENNE.)

L'AN   S.   P.

1515 François Ier (cousin) . . 57. 98
1547 Henri II, f. 58. 103
1559 François II, f. 59. 106
1560 Charles IX, fr. . . . 60. 108
1574 Henri III, fr. 61. 111

Branche des Bourbons.

1589 Henri IV (parent.) . . 62. 115

XIIIe SIÈCLE DE LA MONARCHIE.
(DIX-SEPTIEME DE L'ERE CHRETIENNE.)

1610 Louis XIII, f. 63. 121
1643 Louis XIV, dit *le Grand*, f. 64. 125

XIVe SIECLE DE LA MONARCHIE.
(DIX-HUITIEME DE L'ERE CHRÉTIENNE.)

1715 Louis XV, arrière-petit-fils. 65. 134
1774 Louis XVI, petit-fils. . . 66. 140
1793 Louis XVII, f. . . . 67. 143
1795 Louis XVIII (oncle.) . 68. 144

XVe SIECLE DE LA MONARCHIE.
(DIX-NEUVIEME DE L'ERE CHRÉTIENNE.)

1824 Charles X, fr. 69. 147

FIN DE LA TABLE.